汽车绿色维修技术

基础·应用·案例

郭建英　安　康　主编

U0319444

化学工业出版社
·北京·

内 容 简 介

本书主要介绍汽车（包括传统燃油汽车和新能源汽车）绿色维修技术，内容涵盖汽车绿色维修技术的相关知识和实践应用，并结合丰富的一线车间真实维修案例进行介绍。重点讲解汽车绿色维修常用的工具、量具和设备，汽车常规绿色保养与快修技术，汽车发动机系统、底盘系统、车身系统和变速器系统的绿色维修技术，以及新能源汽车驱动系统和动力电池系统的绿色维修技术等。

本书图文并茂，内容新颖实用。可供汽车维修技术人员使用，也可作为职业技术院校汽车相关专业和汽车维修技术培训机构的参考教材。

图书在版编目（CIP）数据

汽车绿色维修技术：基础·应用·案例/郭建英，安康主编. —北京：化学工业出版社，2022.11
ISBN 978-7-122-42033-6

Ⅰ.①汽… Ⅱ.①郭…②安… Ⅲ.①汽车-车辆修理
Ⅳ.①U472.4

中国版本图书馆CIP数据核字（2022）第153628号

责任编辑：黄　滢　　　　　　　　　　　　　装帧设计：王晓宇
责任校对：李　爽

出版发行：化学工业出版社（北京市东城区青年湖南街13号　邮政编码100011）
印　　刷：北京云浩印刷有限责任公司
装　　订：三河市振勇印装有限公司
787mm×1092mm　1/16　印张14½　字数376千字　2023年3月北京第1版第1次印刷

购书咨询：010-64518888　　　　　　　　　　　售后服务：010-64518899
网　　址：http://www.cip.com.cn
凡购买本书，如有缺损质量问题，本社销售中心负责调换。

定　　价：99.00元

　　汽车作为一种交通工具，在给人们出行带来更多便利的同时，自身也会产生各种使用、维修、保养等问题，这就属于汽车维修的范畴了。在汽车维修领域，维修技术是决定汽车维修质量的关键因素。传统的维修技术主要经历事后维修、预防维修和主动维修三个发展阶段。由于传统的维修技术没有考虑到对环境的影响，也没有考虑到对资源的合理利用，更没有考虑到社会的可持续发展问题，结果造成了大量的资源、能源的浪费和环境的污染。而科学合理的维修是保护生态环境、促进可持续发展的重要技术途径，通过技术的应用从而达到节能减排目标。因此，新时期，绿色维修技术应运而生。

　　本书主要介绍汽车（包括新能源汽车）绿色维修技术的相关知识和实践应用，包括汽车绿色维修技术基础知识和应用范围，汽车绿色维修常用的工具、量具和设备，汽车绿色维修的基本分类方法等内容，并重点介绍了汽车绿色维修技术中的汽车常规绿色保养与快修技术、汽车发动机系统的绿色维修技术、汽车底盘系统的绿色维修技术、汽车变速器系统的绿色维修技术、汽车车身系统的绿色维修技术，以及新能源汽车驱动系统和动力电池系统的绿色维修技术等。

　　全书内容由浅入深、循序渐进地进行介绍，且图文表并茂，通俗易懂，并配有丰富的一线车间真实案例。较复杂的实操内容配套视频讲解，扫描书内相应章节的二维码即可观看。

　　本书适合汽车维修技术人员阅读，也可供各类职业技术院校汽车相关专业师生及汽车维修培训机构作为参考教材使用。

　　本书由郭建英、安康主编，卓幼义、李威副主编，顾惠烽、赵鹏媛参编。编写过程中参考了部分文献资料及原车维修手册，此外，佛山市劳模和工匠人才创新工作室为本书的编写出版提供了大量技术支持，在此一并表示衷心的感谢！

　　限于笔者水平，书中疏漏之处在所难免，恳请广大读者批评指正。

编　者

本书配套视频资源

第1章 汽车绿色维修技术基础知识

1.1 汽车绿色维修技术的含义

在汽车维修保养中，需要科学性、绿色性的方法，以减少环境污染，响应国家可持续发展的号召。

在汽车维修保养中使用绿色维修技术的目的是通过绿色维修技术有效减少甚至消除汽车修理造成的环境污染。综上所述，绿色汽车修理技术是一个系统工程，受到多方面的共同影响，不是说被某一方面控制。绿色汽车修理技术的核心是汽车修理工作中资源最大化地利用起来。在这一指导思想下，采用环保汽车修理技术，可以有效降低环境污染，提高能效，使汽车修理行业可以发展成为一个环保产业。

1.2 汽车绿色维修技术的原理与特点

汽车维修保养是指为维持、恢复或提升汽车的状态而进行的所有活动，汽车维修保养的主要目的是使用各种维护资源，在维修保养中保持汽车的性能和作用。

绿色维修技术以科学发展观和可持续发展为指导，减少汽车传统维修活动中产生的能源消耗，主要包括绿色修补材料、表面工程技术、机械加工技术、零件清洗技术等先进的修理技术。

在汽车绿色维修保养中，针对导致大量环境污染的维护环节、维护设备和维护点进行优化，使用无污染、无毒的耗材，合理规划维修方案以缩短维修时间，提高维修质量。针对清洗、焊接、喷涂等维修环节使用无污染清洗剂、水性漆等耗材，降低或避免污染环境和损害人体健康。

绿色维修指的是在确保维修效果的基础上，对维修技术、维修方案进行改进，从而减少汽车维修过程中对环境造成的污染和破坏，同时实现资源的优化配置，达到最佳的生态效益和经济效益。在实践过程中，坚持绿色维修，一方面能够实现良好的维修效果，并减少对自然的污染破坏；另一方面可以促进社会经济的可持续发展，达到良好实践效果。

1.3 汽车绿色维修工艺标准与流程

1.3.1 常规标准

① 车辆外观应整洁、完好、周正，灭火器、停车楔、三角警告牌、汽车乘员反光背心等附属设施及装备应齐全、有效。

② 左右轴距差不应大于原车产品公告中轴距的 0.1%（图 1-3-1）。

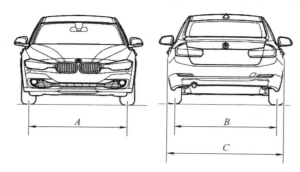

图 1-3-1　左右轴距
A—前轮左右轴距；B—后轮左右轴距；C—车身宽度

③ 各总成运行温度正常，无漏油、漏液、漏电、漏气现象。

④ 各仪表运行正常，指示正确；车载诊断系统（OBD）、信号指示装置等应无故障报警信息。

⑤ 发动机、底盘等各总成均应按汽车生产企业公开的汽车维修技术信息的规定喷（涂）漆。

⑥ 润滑及其他工作介质的使用应符合下列要求。

a. 各润滑脂（油）嘴应装配齐全、功能有效，各总成应按汽车生产企业公开的汽车维修技术信息中的规定加注润滑剂。

b. 动力转向装置、变速器、分动器、主减速器、液力传动装置、发动机冷却系统、气压制动防冻装置、液压制动装置、空调制冷剂、风窗清洗装置等均应按汽车生产企业公开的汽车维修技术信息要求，加注规定品质与数量的介质。

⑦ 各总成与车架连接部位的支撑座、垫应齐全，固定可靠。

⑧ 全车所有螺栓、螺母都应装配齐全，锁止可靠，不应有松动、缺损现象。一次性锁止螺栓不应重复使用。有扭紧顺序和力矩要求的螺栓、螺母应按汽车生产企业公开的汽车维修技术信息作业。

⑨ 各铆接件的结合面应贴合紧密；铆钉应充满钉孔、无松动现象；铆钉头不应有裂纹、缺损或残缺现象；不应用螺栓连接代替铆接。

⑩ 各焊接部位的焊缝应平整、光滑；不应有夹渣、裂纹等焊接缺陷。

1.3.2　载客汽车特殊要求

车辆座（铺）位数应与机动车行驶证记载的数量一致。由修理改变的整备质量，应不超过机动车行驶证记载的整备质量的 3%。

1.3.3　载货汽车特殊要求

重中型货车（半挂牵引车除外）、重中型载货专项作业车外廓尺寸实测值不应超出 GB 1589 规定的限值，且与机动车行驶证记载的数值相比误差不应超过 3% 或 ±150mm；由修理改变的整备质量，重中型货车的整备质量误差不应超过机动车行驶证记载的整备质量的 ±3%，轻微型的货车整备质量误差不应超过机动车行驶证记载的整备质量的 ±3% 或 ±100kg。

注意：

对载货汽车和专项作业车，重型指最大允许总质量大于或等于 12000kg 的载货汽车；

中型指车长大于或等于 6000mm 或总质量大于或等于 4500kg 且小于 12000kg 的载货汽车，但不包括低速货车；

轻型指车长小于 6000mm 且总质量小于 4500kg 的载货汽车，但不包括微型载货汽车和低速汽车；

微型指车长小于或等于 3500mm 且总质量小于或等于 1800kg 的载货汽车，但不包括低速汽车。

1.3.4　发动机维修技术基本要求

发动机的组成如图 1-3-2 所示。

① 发动机拆解时应避免造成零部件的二次损伤或损坏。

② 主轴承盖、连杆轴承盖应在拆卸前进行标记，不应混装。

③ 拆解后，应对零部件进行清洗，应无油污、积炭、水垢、锈蚀物等。

④ 零部件的油道、水套、通风孔内应无污物、无堵塞。

⑤ 完好的零部件应留用，具有修复价值的零部件应进行修复；无修复价值的零部件应更换；应对螺栓、螺母、弹簧垫片等锁止件进行检查，必要时更换。

⑥ 气缸垫、衬垫、开口销、锁片、垫片、密封圈、油封等应更换。

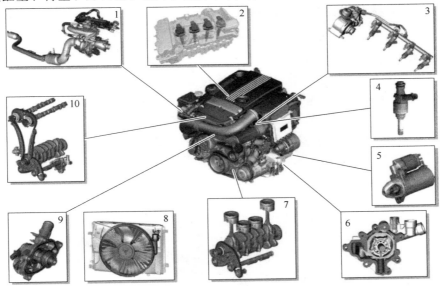

图 1-3-2　发动机的组成

1—进气/排气系统；2—点火线圈、火花塞；3—燃油喷射系统；4—喷油器；5—起动机；6—机油泵；
7—活塞连杆组；8—散热风扇；9—冷却液泵；10—正时机构

1.3.5　转向系统维修技术要求

电子助力转向系统如图 1-3-3 所示。

① 方向盘应转动灵活、操纵轻便，无异响，无偏重或卡滞现象。转向机构各部件在车辆转向过程中不应与其他部件相干涉。

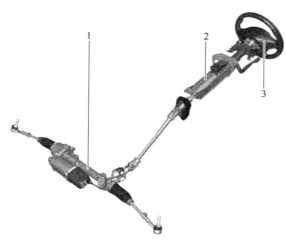

图 1-3-3 电子助力转向系统

1—电子助力转向系统（EPS）；2—转向柱；3—方向盘

② 行驶过程中方向盘应能自动回正，具有稳定的直线行驶能力。在平坦的道路上行驶不应有摆振或其他异常现象，曲线行驶时不应出现过度转向。

③ 方向盘的最大自由转动量：最大设计车速大于或等于 100km/h 的机动车为 15°。

④ 转向轮的横向侧滑量应小于或等于 5m/km。

⑤ 前轮定位参数、最大转向角应符合汽车生产企业公开的汽车维修技术信息中的数值要求。

⑥ 转向节及臂，转向横、直拉杆及球销应连接可靠，不应有裂纹和损伤，并且转向球销不应松旷。横、直拉杆不应拼焊。

⑦ 转向节与衬套的配合、轴颈与轴承的配合及轮毂轴承预紧度应符合汽车生产企业公开的汽车维修技术信息中的要求。

⑧ 装备独立悬架车辆的转向节上下球销不应松旷。

1.3.6 传动系统维修的技术要求

① 离合器应接合平稳、分离彻底、操作轻便，不应有异响、打滑或发抖现象；离合器彻底分离时，踏板力应不大于 300N。

② 离合器踏板的自由行程、有效行程应符合汽车生产企业公开的汽车维修技术信息中的要求；离合器踏板动作时不应与其他非相关件发生干涉，放松踏板能迅速回位。衬套与轴的配合应符合汽车生产企业公开的汽车维修技术信息中的要求。

③ 手动变速器（图 1-3-4）及分动器应换挡轻便、准确可靠；互锁、自锁和倒挡锁装置有效，不应有乱挡和自行跳挡现象；运行中应无异响；换挡杆及其传动部件不应与其他部件

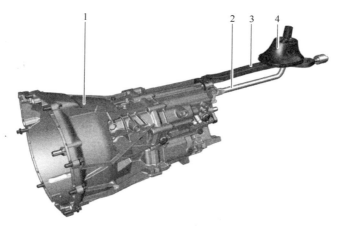

图 1-3-4 手动变速器

1—GS6-17BG 变速箱；2—换挡拨叉轴；3—换挡臂；4—防尘罩

干涉。变速器正常工况下不过热。

④ 自动变速器的操纵装置除位于 P、N 外的任何挡位，发动机均应不能启动；当位于 P 挡时，应有驻车锁止功能；车辆行驶中能按规定的换挡条件进行升、降挡；换挡应平顺、不打滑、无冲击、无异响。变速器正常工况下不过热。

⑤ 传动轴及中间支撑装置应无松旷、抖动、异响及过热现象。

⑥ 主减速器、差速器和轮边减速器应无异响，正常工况下不过热。

1.3.7 行驶系统维修的技术要求

① 车轮总成的横向摆动量和径向跳动量，总质量小于或等于 3500kg 的汽车应小于或等于 5mm，其他机动车应小于或等于 8mm。

② 最大设计车速大于 100km/h 的车辆，车轮应进行动平衡试验，其动不平衡质量应不大于 10g。

③ 装用的轮胎应与其最大设计车速相适应，但装用雪地轮胎时除外。

④ 轮胎应无鼓包现象，胎面和胎壁上不应有长度超过 25mm 或深度足以暴露出轮胎帘布层的破裂和割伤。

⑤ 轮胎胎冠上的花纹深度应大于或等于 1.6mm；同轴上装用的轮胎型号、品种、花纹应一致；轮胎气压应符合汽车生产企业公开的汽车维修技术信息中的数值要求；用滚型工艺制作的轮辋损坏后应确保换装相同的轮辋。

⑥ 装备非独立悬架的车辆，悬架应无异响；减振器、钢板弹簧应作用良好、有效，无异响；各部连接杆件不松旷。

⑦ 装备独立悬架的车辆，悬架应无异响；减振弹簧、扭杆弹簧、气囊弹簧、减振器应作用正常有效，无异响；各部连接杆件衬套、球销、垫片齐全不松旷。

⑧ 装备空气悬架的车辆，空气弹簧应无破损、损伤或鼓包现象，在规定的供气压力下应充气正常，工作过程中不应与其他部件相干涉。

⑨ 前桥（图 1-3-5）和后桥不应有裂纹及变形，车桥和悬架之间的各种拉杆和导杆不应有变形，各接头和衬套不应有松旷或移位。

⑩ 车长大于 9m 的客车和危险货物运输车应装用子午线轮胎，卧铺客车应装用无内胎子午线轮胎。

1.3.8 制动系统维修的技术要求

① 制动管路稳固且连接可靠；转向及行驶时金属管路及软管不应与车身或底盘产生运动干涉；制动软管无老化、开裂、被压扁、鼓包等现象。

② 车辆在运行过程中不应有自行制动现象，但属于设计和制造上为保证车辆安全运行的除外。

③ 采用气压制动的车辆，制动系统的

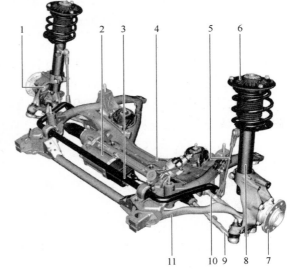

图 1-3-5　前桥
1—摆动支座；2—电子助力转向系统（EPS）；
3—稳定杆；4—前桥托架；5—稳定杆连杆；
6—支撑座；7—轮毂；8—弹簧减振支柱；
9—转向横拉杆；10—横摆臂；11—拉杆

5

装备及其性能应符合 GB 7258 的规定。

④ 制动系统装备的比例阀、限压阀、感载阀、惯性阀等工作阀应工作正常有效。

⑤ 装有排气制动的柴油车排气制动装置应有效。

⑥ 采用弹簧储能制动装置做驻车制动时，应保证在失效状态下能方便地解除驻车状态。

⑦ 制动踏板的自由行程和有效行程应符合汽车生产企业公开的汽车维修技术信息中的要求。制动踏板动作时不应与其他非相关件发生干涉，放松制动踏板能迅速回位。衬套与轴的配合应符合汽车生产企业公开的汽车维修技术信息中的要求。采用液压制动的车辆踏板行程：乘用车小于或等于 120mm，其他机动车小于或等于 150mm。

⑧ 驻车制动操纵杆的有效行程应符合汽车生产企业公开的汽车维修技术信息中的要求。驻车制动操纵杆动作时不应与其他非相关件发生干涉。衬套与轴的配合应符合汽车生产企业公开的汽车维修技术信息中的要求。

⑨ 装有缓速装置的车辆，缓速装置工作应正常有效，缓速率应符合汽车生产企业公开的汽车维修技术信息中的要求。装有电涡流缓速器的车辆，缓速器安装部位设置的温度报警系统、自动灭火装置或具有阻燃性的隔热装置应正常有效。

1.3.9　照明和信号装置及其他设备维修的技术要求

（1）通用要求

① 全车电气线路应布置合理、连接正确；线束包扎良好、牢固可靠；线束通过孔洞处应有防护措施，线束布置应符合汽车生产企业公开的汽车维修技术信息的要求；导线规格及线色应符合要求，接头牢固、良好；熔断器及继电器的使用应符合汽车生产企业公开的汽车维修技术信息中的要求；裸露的电气接头及电气开关应距燃油箱的加油口和通气口 200mm 以上。

② 灯光、信号、电气设备等及其控制装置应齐全有效。

③ 前照灯光束的照射位置和发光强度：新注册车辆要求达到 18000cd，在用车辆要达到 15000cd。

④ 装备其他与制动、行车安全有关的电子控制系统的元器件应齐全有效。

⑤ 安装卫星定位系统车载终端的车辆，卫星定位系统车载终端应功能正常。

⑥ 蓄电池应外观整洁、安装牢固；桩头完好、正负极标志分明；桩卡头及搭铁线连接可靠；电解液密度、液面高度及电压差应符合规定。

⑦ 空调性能应符合汽车生产企业公开的汽车维修技术信息中的要求。

（2）载客汽车特殊要求

① 装有视频监控录像系统的客车，视频监控录像系统应正常有效，且无遮挡，视频监控覆盖范围至少应包含驾驶区、乘客门区、乘客区及车外前部区域。

② 安全防护装置应符合下列要求。

a. 客车应急锤的配备应符合 GB 7258 的规定。

b. 装有燃油箱侧面防护装置的客车，燃油箱侧面防护装置应正常有效。

c. 客车安全带应按原要求配置齐全且正常有效。装有安全带佩戴提醒装置的，该装置的视觉或声觉报警应功能正常。

d. 装有防止传动轴滑动连接（花键或其他类似装置）脱落或断裂防护装置的客车，防护装置应正常有效。

1. 3. 10　汽车维修流程

汽车维修流程如图 1-3-6 所示。

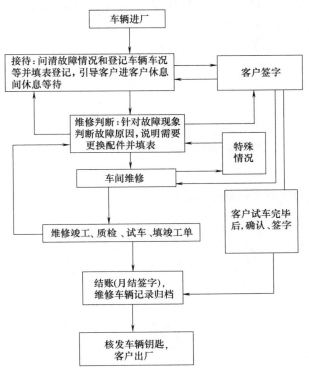

图 1-3-6　汽车维修流程

第2章 汽车绿色维修技术的范围和内容

2.1 汽车绿色快修技术

2.1.1 汽车绿色快修技术的认识

绿色快修技术，就是以最低的成本，快速在一定时间内对汽车进行有效的维修保养，同时注意在这个过程中达到良好的环保性，避免对周围自然环境产生严重污染。

绿色快修技术在实践过程中，要达到使用成本低、维修时间短、维修效果好等，同时要达到维修过程中的零污染或者极少污染。

为了达到这个效果，维修工作人员要结合汽车品牌、特点、技术标准和性能，对其进行全面检查和维护，从而实现对汽车的快速维修保养，促使汽车能够达到正常运行状态，整个过程，不需要花费大量的时间和成本，而且不会对自然环境产生严重污染。

汽车绿色快修技术不仅可以用在汽车维修保养上，也可应用在车身快速维修上。车身快速维修技术的优势主要有以下几点。

（1）防腐蚀作用

在维修过程中需要应用修补剂或者是快速粘接剂，这两种物品具有较强的防腐蚀作用，应用快速维修技术，能够起到一定的防腐蚀作用，实现维修设备的耐磨性要求。

（2）实现突发故障的有效维修

在汽车突发故障的维修工作中，应用快速维修技术能够快速开展冷焊、堵漏、扣合维修工作，并且能够有效节约资源，实现最大的维修度。

2.1.2 汽车绿色快修的常见内容

汽车快修，是指从事汽车维护以及汽车小维修作业活动，服务时间范围一般锁定在2h以内。

以小维修项目为主，在短时间内完成，以达到效益最大化、节约时间成本、提高工作效率。

发动机快修保养模块：机油"三滤"的检查与更换、正时皮带的检查与更换、火花塞的检查与更换、防冻液的检查与更换、节气门的清洗、燃油泵的检查与清洗、更换蓄电池。

轮胎修复模块：轮胎专业知识、机械扒胎、动平衡、轮胎修补、四轮换位（图2-1-1）。

底盘快修保养模块：刹车维护、手动/自动变速器的检查与更换、球笼的检查与更换、离合器油的检查与更换、制动液的检查与更换、刹车片的检查与更换、更换转向助力油、手制动的检查调整。

空调系统：空调清洗、更换空调滤清器、添加制冷剂、空调消毒。

图 2-1-1　车辆轮胎更换及修补

2.2　汽车绿色诊断技术

2.2.1　汽车绿色诊断技术的认识

在汽车故障维修中，汽车故障诊断分析是后续维修工作开展的基础与前提。为了详细地进行分析，在诊断过程中就要合理地应用各种技术手段。

在日常故障维修作业中，要严格筛选诊断设备，选择合适的设备可以提升诊断效率，也是保障诊断精准性的先决条件。对此，在绿色诊断中要选择合理的诊断设备，保障设备具有绿色、节能的特征，进而降低在诊断过程中对周边环境产生的不良影响与损害。同时，要综合实际状况确定合理的诊断方式与手段，要改进传统的诊断模式，避免因为诊断而造成环境污染问题。

在绿色诊断技术中主要包括诊断设备以及诊断方式两种类型。

应采用可拆卸、可回收以及性能较高的材料进行诊断，不仅可以有效提升诊断设备的应用效果，还可以有效降低环境污染等问题。这是一种在设备制作源头上进行控制的技术手段。

诊断方式的选择与确定也是较为关键的内容。在诊断过程中要从根本上保证工作人员的安全性，也要避免受到辐射、放射等问题的影响。对于一些污染较为严重的维修诊断工作则可以通过远程诊断的方式进行控制，通过智能化的诊断方式进行诊断，可以有效提升诊断的效率与质量。

2.2.2　汽车绿色诊断技术的应用范围

汽车绿色诊断技术可应用在车身钣件故障、车身喷涂故障、汽油/柴油发动机机械故障、汽油/柴油电控故障、汽车变速器故障、汽车电气故障、汽车底盘故障、新能源汽车故障等。

2.3　汽车绿色热喷涂技术

2.3.1　汽车绿色热喷涂技术的认识

在汽车维修中应用喷涂技术是较为常见的维修方式。在传统的施工中主要是通过维修人员手工作业的方式进行喷涂。而手工喷涂会在一定程度上污染环境，也会影响维修人员的身体健康。在现代绿色维修技术中主要是通过机械化的方式进行施工作业，通过热喷涂技术进行处理，可以在汽车零部件上形成较薄的薄层，进而提升整体的耐磨性，增强其耐腐蚀性。

热喷涂是指一系列过程，在这些过程中，细微而分散的金属或非金属的涂层材料，以一种熔化或半熔化状态，沉积到一种经过制备的基体表面，形成某种喷涂沉积层。涂层材料可以是粉状、带状、丝状或棒状。热喷涂枪由燃料气、电弧或等离子弧提供必需的热量，将热喷涂材料加热到熔融或半熔融状态，再经受压缩空气的加速，使其冲击到基体表面上。冲击到表面上的颗粒因受压而变形，形成叠层薄片，黏附在经过制备的基体表面，随之冷却并不断堆积，最终形成一种层状的涂层。该涂层因涂层材料的不同，可实现耐高温腐蚀、抗磨损、隔热、抗电磁波、导电、绝缘、电磁屏蔽、快速制模等功能。

热喷涂主要包括等离子喷涂、超音速火焰喷涂、电弧喷涂（图 2-3-1）。

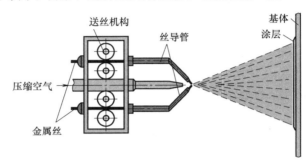

图 2-3-1　电弧喷涂技术原理

2.3.2　汽车绿色热喷涂技术的应用

汽车绿色热喷涂技术是在高速气流的作用下使之雾化成微细熔滴或高温颗粒，以很高的速度喷射到经过处理的工件表面，形成牢固的覆盖层，从而使工件表面获得不同硬度、耐磨、耐腐、耐热、抗氧化、隔热、绝缘、导电、密封、消毒、防微波辐射、屏蔽以及其他各种特殊物理化学性能。它可以在设备维修中修旧利废，使报废的零部件再利用；也可以在新产品制造中进行强化和预保护，使其延长使用年限。

在轻工、化工、电线电缆、印刷造纸、纺织、冶金、交通运输、电力、玻璃等领域均有应用。

在交通运输行业中，主要用于汽车发动机机座、同步环、曲轴的修复和预强化；用作齿轮箱轴承座、油缸柱塞、前后桥支撑轴、门架导轨、发动机主轴瓦座、摇臂轴、各处油封位、销轴的磨损处的耐磨涂层；用作挖泥船耙头、防磨环、泥斗、绞刀片、铲齿、泥泵叶轮、船舶的艉轴、艉轴铜套、偏心轴套、齿轮传动轴、泥泵水封颈、泥门、滑板、刮沙机刮板的耐磨涂层等。

2.4　汽车绿色清洗技术

2.4.1　汽车绿色清洗技术的认识

清洗操作在汽车修理过程中同样是关键的一环，对于这种清洗操作来说，以往常常采用汽油或是柴油等进行相关汽车部件的清洗，虽然其效果比较理想，但是存在的安全隐患也是比较突出的，还会对于周围环境产生一定的影响。使用这些液体清洗不仅会提高维修成本，也会造成资源耗费等问题，还会造成环境污染等问题，在维修中存在诸多的安全隐患问题。

而在绿色维修技术中，主要是通过绿色的混合液体进行汽车零部件清洗，其主要成分是水、添加剂、表面活性剂。通过此种技术进行清洗，可以降低维修成本，降低资源耗费，减少环境污染等问题，效果较为显著。

2.4.2　汽车绿色清洗技术的应用

汽车零部件的清洗要求有以下几点。

① 清洗后不能对零部件产生腐蚀损伤。

② 清洗要彻底，清洗后不会在零件表面产生脏污残留。

③ 清洗效率要高，清洗速度要快，清洗时间要短，整个清洗工艺流程不能复杂化。

④ 清洗所使用的清洗剂产品要环保，需要对人体无害，对生产环境无影响，对周围环境无影响，清洗后产生的废液要便于处理。

针对以上几点，汽车制造生产过程中使用一款高效且环保的工业清洗剂就显得尤为重要。不管是清洗零部件所使用的零部件清洗剂，还是清洗生产设备所使用的生产设备清洗剂，以及清洗油污所使用的油污清洗剂，环保性的要求都是第一位的。

汽车行业的传统清洗由人工操作，不仅效率低下，而且清洗品质不好。另外，清洗下来的污垢和杂质等严重污染环境。与此同时，相比于其他清洗方式，传统清洗方式的人工成本很高，不利于资源的合理利用。

利用超声波清洗机进行清洗，可以使清洗介质进入细小的裂缝和孔穴，剥离、去除油渍和残留物，达到高效、超净、环保的要求。而且汽车超声波清洗机性能稳定、清洗速度快、安全节能、维护方便。汽车超声波清洗机（图 2-4-1）清洗质量高，不会损伤零部件，解决了汽车零部件清洗困难的问题。

自然喷淋式清洗机的工作原理是将待洗的零部件摆放在"淋浴"区内，数十个喷嘴在一定的水压下进行持续的自动喷洗。所使用的清洗剂为自然水和中性清洁剂，可对水基进行加热以增强清洗力。对轻油污和重油污均有较好的清洗效果，进行物理除油后，水基可重复使用，几乎适用于所有材质的零部件清洗。从清洗媒介到可重复利用性，从清洗效果到清洗范围都符合节能环保的要求。

图 2-4-1　超声波清洗机

2.5　汽车绿色润滑技术

（1）汽车绿色润滑技术的认识

在汽车维修中，润滑是较为关键的内容。在传统的维修中以矿物质软化剂为主要润滑原料。矿物质润效果不理想，同时降解较为困难，会对自然环境造成一定的污染。在绿色维修技术中应用绿色植物油、合成润滑添加剂作为主要的原料，具有无污染的效果。其中绿色植物油是指菜籽油、橄榄油等，此种类型的植物油具有良好的润滑效果，降解相对较为容易，不会对环境产生较大的污染。

（2）汽车绿色润滑技术的应用

主要用于汽车发动机油、汽车齿轮油、汽车润滑脂、汽车减振器油等；在汽车特种液体方面，主要是汽车制动液、汽车冷却液和汽车自动传动液（ATF）。

2.6 汽车绿色焊接技术

2.6.1 汽车绿色焊接技术的认识

随着汽车需求量的日益增加，汽车工业已成为我国乃至世界支柱性产业，汽车车身的主要材料为金属，为实现汽车轻量化，降低白车身的重量，提高车体使用寿命，增强车体的抗腐蚀性能，热成型钢、镀锌钢以及铝/钢异种结构在汽车制造中被大量采用。汽车制造的方法有胶粘、铆接、焊接等。其中焊接具有生产周期短、成本低、结构设计灵活等优点，因此在汽车工业生产中得到了广泛的应用。为了保证汽车制造行业的可持续发展，针对高效绿色焊接技术的研究显得尤为重要。

汽车用的铝合金和钢的混合结构轻量化可提高燃料的有效使用率并有效控制空气污染，因此钢和铝合金的有效连接受到重视。然而，钢和铝的熔点存在巨大的差异，且铝与钢中的铁易产生脆性的金属间化合物。另外，不同的热物理性能，如膨胀系数、热导率和比热容，也将导致焊后巨大的内应力。因此，熔焊的铁和铝会由于产生严重的裂纹而在使用中损坏。冷金属过渡技术是将送丝与熔滴过渡过程进行数字化协调。

2.6.2 汽车绿色焊接技术的应用

汽车绿色焊接技术是采用合理的工艺，选择适当的化学黏合材料（胶黏剂、密封剂、固持剂、修补剂等）将同种材料或异种材料连接在一起，实现连接、密封、固持、功能涂层的一项新技术。由于通常在常温下施工，因此被称为"冷焊技术"。

该技术对于修复旧设备和减少制造过程的废次品具有重要意义。另外，某些材料采用一般的焊接法连接时，由于焊接时温度很高，不仅有损材料的强度，而且容易变形，对于薄型材料更为严重。但这些问题对冷焊来说是不存在的，因为冷焊是在常温下进行的，同时接头的应力能比较均匀地分布在全部胶面上，从而改善了金属由于焊、铆、螺栓连接所引起的上述部分问题，提高了疲劳寿命。

零件在修复过程中采用冷焊技术，其始终处于常温状态，不产生内应力，无热变形、裂纹、退火、软化现象，无断裂的潜在影响，结合强度高，致密、不脱落，耐磨、耐冲击、抗压性能可靠。

2.7 汽车绿色回收技术

（1）汽车绿色回收技术的认识

在汽车维修中会产生一些废油料、废轮胎等，在对这些废品进行处理的过程中，必须要时刻遵循低能源耗费、降低环境污染的原则，要根据国家要求统一的要求划分为维修废料进行回收。对于一些容易产生危险的物品则要科学存储，合理运行；对于一些可以回收利用的物品要重新应用；对于不可回收的物品则要根据实际状况进行科学处理，避免因为处理不当而造成环境污染问题。

（2）汽车绿色回收技术的应用范围

汽车上更换下来的油水、橡胶件、塑料件、金属件以及汽车上更换或拆下的零件等都能适用。汽车总体零件如图 2-7-1 所示。

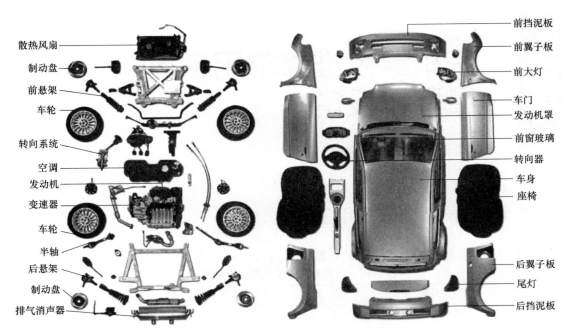

散热风扇
制动盘
前悬架
车轮
转向系统
空调
发动机
变速器
车轮
半轴
后悬架
制动盘
排气消声器

前挡泥板
前翼子板
前大灯
车门
发动机罩
前窗玻璃
转向器
车身
座椅
后翼子板
尾灯
后挡泥板

图 2-7-1　汽车总体零件

第 3 章

汽车绿色维修常用工具、量具和设备

3.1　汽车绿色维修常用工具

传统燃油汽车绿色维修常用工具见表 3-1-1。

表 3-1-1　传统燃油汽车绿色维修常用工具

序号	名称	图片
1	常用维修工具套装（包含套筒、梅花扳手）	
2	内窥镜	
3	手持真空检测表	

序号	名称	图片
4	气缸压力表	
5	发动机燃油压力表	
6	空调压力表	
7	发动机异响测听器	

新能源汽车绿色维修常用工具见表3-1-2。

表 3-1-2　新能源汽车绿色维修常用工具

序号	名称	图片
1	绝缘工具	
2	新能源汽车动力电池举升台	

3.2　汽车绿色维修常用量具

汽车绿色维修常用量具见表3-2-1。

表 3-2-1　汽车绿色维修常用量具

序号	名称	图片
1	测试灯	
2	跨接线	

序号	名称	图片
3	钢直尺	
4	游标卡尺	
5	外径千分尺	
6	磁性表座及百分表	

3.3　汽车绿色维修常用设备

汽车绿色维修常用设备见表 3-3-1。

表 3-3-1 汽车绿色维修常用设备

序号	名称	图片
1	汽车故障诊断仪	
2	示波器	
3	万用表	
4	钳流表	

序号	名称	图片
5	绝缘测试仪	
6	空调制冷剂回收/加注机	
7	蓄电池检测仪	
8	废油收集器	

序号	名称	图片
9	积炭清洗机	
10	汽车喷油嘴清洗机	
11	变速箱油交换机	

第4章 汽车绿色维修基本分类方法

4.1 传统燃油汽车零件报废后的分类

4.1.1 汽车拆解流程与零部件的分类

（1）通用要求

① 汽车拆解流程及说明部分包括预处理和拆卸两个阶段内容。企业可根据车型的实际结构和配置情况，结合拆解行业的实际情况，对本标准涉及的零部件范围依次进行补充或删减。

② 应详细说明每部分所涉及的零部件相关信息，具体涉及的内容及要求如下。

a. 图示信息。图示应能体现零部件在车辆中的位置和形状，必要时配以文字说明。

b. 部件名称、位置、数量、质量和主要材料信息。包括零部件名称、安装位置、数量、质量（参考值）以及主要材料等信息。并配以必要的文字说明，以引导拆解人员对零部件和材料进行有效分类和回收。

c. 紧固方式、拆解工具、拆解方法和回收利用说明信息。包括零部件所使用的紧固方式、拆解工具和拆解方法等信息。

d. 存储要求。对存放有特殊要求的拆解零部件和材料，应包括存储说明。

e. 注意事项。包括易燃、易爆、腐蚀性等危险提示，明确拆解过程中应禁止的行为和正确的自我保护行为，以有效保证拆解人员的人身安全和减少对环境的破坏。

（2）预处理

① 预处理过程所涉及的零部件，其表述和说明应符合规定，以便于拆解人员查询。拆解作业中，需要特别注意的安全、环保事项和作业要求，还应配以必要的文字予以说明，以确保注意事项简洁醒目。

② 预处理部分，对以下内容予以说明：

a. 电池；

b. 与安全有关的部件（如安全气囊及其附属装饰件、安全带预紧器等）；

c. 废液（燃料、发动机机油、变速器机油、传动机构机油、动力转向油、冷却液、防冻液、制动液、挡风玻璃洗涤液等各种液体）；

d. 催化转化器；

e. 机油滤清器；

f. 燃油滤清器；

g. 轮胎；

h. 液化石油气（LPG）罐、压缩天然气（CNG）罐等燃料存储装置；

i. 其他含有毒有害物质［铅、汞、镉、六价铬、多溴联苯、多溴联苯醚（十溴联苯醚除外）］的零部件。

（3）确立拆卸零部件的范围

根据零部件的可拆解性和可再利用性，在以下区域或系统中，确立拆卸零部件的范围：

① 玻璃；

② 车身外饰件；

③ 仪表板；

④ 座椅；

⑤ 其他内饰件；

⑥ 发动机舱区域；

⑦ 后备厢区域；

⑧ 车身底部。

（4）零部件分类

旧汽车零部件依据其使用特性分为三类：可直接使用件、可再制造件和弃用件。

4.1.2 对拆下零部件的一般要求及检测技术

（1）一般要求

① 旧零部件在分类前需通过检测确认。常用的分类检测技术包括但不限于外观检测、测量检测、压力检测、磁粉探伤、荧光探伤、超声波检测、电涡流检测、X 射线检测、渗漏检测和磁记忆检测等。

② 经检测确认满足再制造设计要求的零部件，可依据检测结果和产品功能归类至可直接使用件或可再制造件；经检测确认不满足再制造设计要求的零部件，归类至弃用件。

③ 零部件分类过程应做好档案记录，记录可包含零部件的状态、主要尺寸、原制造企业信息和配套机型等。

④ 分类完成后的零部件应按要求进行存放，存放时应采取必要的防护措施，不得对环境造成破坏；对于弃用件，其处理和存放应符合国家相关技术标准的规定。

（2）检测技术

① 外观检测。对表面存在沟槽、裂纹、刮伤、剥落、折断、缺口、破洞、重大变形、严重磨损和烧蚀等缺陷的零部件，可通过目测、触摸等外观检测确定其类别。

② 测量检测。对可能存在尺寸、粗糙度、形位公差和配合间隙等缺陷的零部件，可通过测量检测确定其类别。

③ 压力检测。对可能存在裂纹、贯通、疏松等内部缺陷的腔体类零部件，可通过压力检测确定其类别。

④ 磁粉探伤。对可能存在表面裂纹缺陷的钢铁类零部件，可通过磁力探伤确定其类别。

⑤ 荧光探伤。对可能存在表层裂纹的精密零部件，可通过荧光探伤确定其类别。

⑥ 超声波检测。对可能存在焊缝或内部缺陷的铸件，可通过超声波检测确定其类别。

⑦ 电涡流检测。对可能存在表面和近表面处缺陷的导电材料，可通过电涡流检测确定其类别。

⑧ X 射线检测。对可能存在焊缝或内部缺陷的零部件，可通过 X 射线检测确定其类别。

⑨ 渗漏检测。对表面可能存在内部缺陷的金属材料，可通过渗漏检测确定其类别。

⑩ 磁记忆检测。对可能存在表面和近表面处缺陷的铁磁性材料，可通过磁记忆检测确定其类别。

4.1.3　对拆下零部件及回用件的贮存

（1）报废机动车贮存

① 所有车辆都应避免侧放、倒放，电动汽车在动力蓄电池未拆卸前不应叠放。

② 机动车如需叠放，应使上下车辆的重心尽量重合，且不应超过 3 层。2 层和 3 层叠放时，高度分别不应超过 3m 和 4.5m。大型车辆应单层平置。采用框架结构存放的，要保证安全性，并易于装卸。

③ 电动汽车在动力蓄电池未拆卸前应单独贮存，并采取防火、防水、绝缘、隔热等安全保障措施。

④ 电动汽车中的事故车以及发生动力蓄电池破损的车辆应隔离贮存。

（2）固体废物贮存

① 固体废物的贮存设施建设应符合要求。

② 一般工业固体废物贮存设施及包装物应进行标识，危险废物贮存设施及包装物的标志应符合要求。所有固体废物都避免混合、混放。

③ 妥善处置固体废物，不应非法转移、倾倒、利用和处置。

④ 不同类型的制冷剂应分别回收，使用专门容器单独存放。

⑤ 废弃电器、铅酸蓄电池贮存场地不得有明火。

⑥ 容器和装置要防漏及防止洒溅，未引爆安全气囊的贮存装置应防爆，并对其进行日常性检查。

⑦ 对拆解后的所有固体废物应分类贮存和标识。

⑧ 报废机动车主要固体废物的贮存方法可参见表 4-1-1。

表 4-1-1　报废机动车主要固体废物的贮存方法

固体废物	贮存方法
安全气囊	（1）未引爆的安全气囊应尽快拆除或者引爆，拆除和引爆的方法应当参考机动车生产企业推荐的方法 （2）已经引爆的安全气囊可让其留在车内 （3）拆解下来的未引爆的安全气囊应放置于专用的防爆贮存装置中，于室内保存，避免露天存放
燃料罐	（1）接收或收购报废机动车后应尽快拆下燃料罐并充分排空里面的燃油和气体 （2）区分燃油和气体是否可再利用，并分别存放于密闭容器中贮存
废油类［发动机油、变速器/齿轮箱（包括后差速器和/或分动器）油、动力转向油、制动液等石油基油或者合成润滑剂］	（1）将废油收集于密封容器中贮存，并置于远离水源的混凝土地面 （2）各种废油可以混合在一起贮存于同一容器中 （3）不能将废油与冷却液、溶剂、汽油、去污剂、油漆或者其他物质混合 （4）不能使用氯化溶剂清洁装废油的容器
铅酸蓄电池	企业应按国家相关要求收集、贮存、运输废铅酸蓄电池，并将废铅酸蓄电池交由有相应资质的单位收集处理
制冷剂	制冷剂需要用符合环保规定的专门容器贮存，并交由具有相应资质的单位回收利用
玻璃	挡风玻璃如不能分离其中的塑料层，则作为固体废物填埋
废旧轮胎	（1）废旧轮胎交给符合国家相关规定的废旧轮胎处理单位处理 （2）废旧轮胎的存放要符合有关安全和环保法规的要求

固体废物	贮存方法
塑料	由于塑料材料的多样性,应区分各种材料并分别回收处理
密封胶	(1)根据胶体种类进行分类收集,并交由专门的环保机构进行化学处理 (2)根据胶体种类和性质,可以选择一部分进行加工再制造,实现废物再利用
其他电子电器产品中的电路板	拆解的电路板应统一存放,并交由具有相应资质的单位回收利用
冷却液	冷却液应用专门容器进行回收,不同类别的冷却液应分类收集,并交由具有相应资质的单位回收利用
催化器	(1)催化器拆除前,应先拆下电线接头 (2)拆除催化器时应保持催化器的完整性 (3)随后拆下氧传感器,清除催化器表面污垢,分类标识、集中存放,交由具有资质的企业进行回收利用 (4)应对催化器拆解过程进行全流程监管

（3）回用件贮存

回用件应分类贮存和标识,存放在封闭或半封闭的贮存场地中。回用件贮存前应做清洁等处理。

4.2 汽车（包括新能源汽车）油液更换后的分类

4.2.1 汽车废油废水

（1）汽车废油

汽车废油包含废机油、废助力油、废齿轮油等。所谓废油指油液在使用中混入了水分、灰尘、其他杂油和机件磨损产生的金属粉末等杂质,而后油液逐渐变质,生成了有机酸、胶质和沥青状物质。抽取出来的废油可以回收利用,加工成再生机油,避免环境污染。

（2）汽车防冻液

汽车防冻液是一种含有特殊添加剂的冷却液,主要用于水冷式发动机冷却系统,防冻液具有冬天防冻,夏天防沸,全年防水垢,防腐蚀等优良性能。

乙二醇又名"甘醇",是一种无色无臭、有甜味的液体,但它的毒性非常大,人类致死剂量仅为 1.6g/kg。也就是说,只需不足 100g 的剂量,就能置一个成年人于死地。人体对乙二醇的摄入途径分别为吸入、食入、皮肤吸收。因此,厂家在生产防冻液时在产品中添加色素,以示其与饮用水的区别,防止消费者误将防冻液作为饮用水饮用。

目前绝大部分汽车维修企业在工作过程中不会对废弃防冻液进行回收处理,而是直接将废弃防冻液排入下水道,再由下水道汇入江河湖海,造成废弃的乙二醇等有毒物质渗透到水体中,严重威胁着人们的生存环境。因此,正确的处理方法是将汽车防冻液加以收集,然后交由专业单位回收处理。

（3）汽车废水的危害与处理

汽车废水主要分为含油废水（润滑油、剩余燃料油、乳化油以及清洗零部件的除漆剂和清洗剂等造成的含油废水）和含铅废水（蓄电池的废电解液造成的铅污染和酸污染等造成的含铅废水）。

4.2.2　汽车废油废水的收集

（1）移动式废油收集器

移动式废油收集器通常利用重力来收集发动机油和齿轮油，储油装置是 20L 的油罐。使用这种设备通常需要将汽车等用升降器抬高，再将其置于汽车底下来收集废油。设备中的废油可以靠重力、空气压力或者安装在设备中的泵来排出。如利用轮胎充气机可以将废油排出，用这种方式排废油的时候最大压力不超过 0.5bar（1bar＝10^5Pa，下同），通常通过安全阀来控制压力。利用抽吸方式吸取废油通常采用的是真空方式。油罐中的气体被排出，形成 7～10bar 的压力，从而使废油排出。在这种情况下，转运废油的油罐容量在 10L 左右，这是为了避免废油散溢。

（2）移动式排油装置

移动式排油装置能够排出绝大多种类的废液，如机械油、发动机油、齿轮箱中的油以及冷却液容器中的冷却液等。它由一个 36L 的聚乙烯油罐、带滚轮的铝架及真空泵组成，如图 4-2-1 所示。当油液充满容器时，泵自动停止工作。油罐中的废液可以直接倒出，也可以用真空泵排出。该设备正常工作温度为 60℃，也允许在 90℃时短时间运行。

4.2.3　汽车废油废水的分类

常见的油水分离方法有物理法、物理化学法、电化学法、生物化学法。

图 4-2-1　移动式排油装置

（1）物理法

① 重力分离法。重力分离法是典型的初级处理方法，是利用油和水的密度差及油和水的不相溶性，在静止或流动状态下实现油珠、悬浮物与水分离，它主要利用的是斯托克公式。

在油滴浮升阶段，加速浮升非常短暂，油滴以恒速浮升方式上浮，并将该恒速浮升速度称为油滴浮升终端速度。

② 机械分离法。隔油池方法虽较为简单，但占地面积较大。为克服这一缺点，可采用机械分离设备，使含油废水在分离设备中形成局部涡流、曲折碰撞或利用狭窄通道来捕捉、聚并细小油滴，增加油珠粒径，减少停留时间，以达到更好的分离效果。

③ 离心分离法。离心分离法是指利用快速旋转产生的离心力，使密度大的水沿环状路径流向外侧，密度小的油抛向内圈，并聚并成大的油珠而上浮分离。分离效率随转速提高而提高，若采用超高速离心机，可分离水中的乳化油。

④ 粗粒化法。粗粒化法利用的是油水两相对聚结材料亲和力相差悬殊的特性。当含油污水通过亲油的聚结材料时，水中细小油粒被截留而附着到材料表面或孔隙内，被截留的油滴在材料表面润湿、展开，进一步与周围的油粒碰撞聚结，油滴逐渐粗粒化，当油滴的浮力大于油与固体间的附着能时，油粒就从固体表面剥落，上浮而分离。

（2）物理化学法

① 凝聚＋溶气浮选法。首先在水中投入凝聚剂，一方面发生水解，另一方面发生聚合作用，形成大分子聚合物。在静电力、范德瓦尔斯力、氢键、配位体的作用下，对油滴产生吸附、絮凝、架桥，形成粗大矾花，使大尺度油滴从水中脱出。一些低分子量的凝聚剂同样存在静电中和作用，使油滴胶体的电性消失，进一步促使油滴相互靠近而发生凝聚。然后向水中释放出大量的微气泡（10～120μm），依靠表面张力作用将分散于水中的微小油滴黏附

于微气泡上，使气泡的浮力增大而上浮，达到分离的目的。

② 吸附法。吸附法是利用多孔吸附剂对废水中的溶解油进行物理吸附（范德瓦尔斯力）、化学吸附（化学键力）或交换吸附（静电力）来实现油水分离的。常用的吸附剂有活性炭、活性白土、磁铁砂、矿渣、纤维、高分子聚合物及吸附树脂等。

（3）电化学法

电化学法的实质就是直接或间接地利用电解作用，把水中污染物去除，或把有毒物质转化为无毒、低毒物质。

（4）生物化学法

利用微生物使油的一部分作为营养物质被吸收、转化合成为微生物体内的有机成分或繁殖成新的微生物，其余部分被生物氧化分解成简单的无机或有机物质如 CO_2、N_2、CH_4 等，从而使废水得到净化。

4.3　新能源汽车动力电池报废后的分类

4.3.1　报废动力电池的分类

根据报废动力电池正负极材料及电解液对环境的危害程度，将报废动力电池分为两类：危险型报废动力电池及一般型报废动力电池，其所包含的电池分类详见表 4-3-1。

表 4-3-1　报废动力电池分类

类别	种类	举例
危险型报废动力电池	废铅酸蓄电池	
	含镉废蓄电池	废镉镍蓄电池等
	氧化还原液流电池	全钒液流电池等
一般型报废动力电池	含锂废蓄电池	废锂离子电池、废聚合物锂离子电池等
	含镍废蓄电池	废氢镍蓄电池、废锌镍蓄电池、废铁镍蓄电池等
	含锌银废蓄电池	
	含锌锰废蓄电池	废锌锰蓄电池、废锌氧蓄电池等
	其他类废蓄电池	

4.3.2　处理报废动力电池的原则

① 报废动力电池在收集、运输及贮存的过程中，应采取恰当的安全和环保措施，不应对废蓄电池进行打孔倒液、拆解、碾压及其他可能使报废动力电池产生破损的操作，并采取相应措施防止电池短路起火。

② 收集、运输、贮存危险型报废动力电池时，处置单位应具备相应资质或行政许可，应保存危险型废蓄电池收集、运输、贮存、处置等信息。

③ 在报废动力电池回收过程中，接收报废动力电池时应对所接收的报废动力电池的种类、数量（或重量）、特性、形态、包装方式进行核对。

④ 危险型报废动力电池的收集、运输、贮存应设立危险废物管理台账及危险废物转移联单机制，记录报废动力电池的进出及流向。记录上需注明报废动力电池的种类、名称、来源、数量、特性、危险性、入库日期、存放位置、出库日期及接收单位名称等内容。

⑤ 从事报废动力电池回收处理工作的人员应具有与蓄电池相关的专业知识，了解

电池特性、防火、防泄漏、防短路等专业知识，应通过危险废物处理及应急救援方面的培训。

　　⑥ 从事报废动力电池收集和运输的人员应配备必要的个人防护装备，如耐酸/耐碱工作服、手套、专用眼镜等。

　　⑦ 危险型报废动力电池应按照国家有关危险废物的法规、标准进行管理。

　　⑧ 危险型报废动力电池的回收处理应急预案的相关规定应参见《危险废物经营单位编制应急预案指南》，并定期进行演练。

4.3.3　收集报废动力电池的原则

（1）基本要求

　　应根据需要，设置回收点、回收超市、回收箱等回收设施，回收设施应设置明显标识，定期对回收设施进行检查及维护。

　　应在 4S 店、销售网点等建设报废动力电池暂存库。报废动力电池的暂存库应按 GB 15562.2 的相关要求设置固体废物（含一般废物及危险废物）的警告标志，并满足动力电池贮存的相关要求。

　　应对收集的报废动力电池进行检查，发现外壳破损并有酸性/碱性电解液流出的报废动力电池时，应使用耐酸/耐碱容器盛装。

　　不应擅自对废蓄电池进行拆解，尤其不应擅自倾倒、丢弃废蓄电池中的酸性及碱性电解液。

（2）分类管理要求

　　应对收集的报废动力电池进行分类管理，根据各类报废动力电池的特性选择相应的包装材料进行分类包装，并在包装上贴有分类标志，分类标志应包括但不限于下述内容：

　　① 报废动力电池种类；

　　② 报废动力电池来源；

　　③ 报废动力电池数量或重量；

　　④ 报废动力电池中所含主要有害物成分。

（3）其他要求

　　在报废动力电池的收集过程中，应详细记录收集日期以及报废动力电池提供者、种类、重量/数量，保存信息两年备查。

　　收集到的报废动力电池应分类转移至具有再生利用处理资质或行政许可的场所，进行资源再生或无害化处理。

4.3.4　贮存报废动力电池的原则

（1）基本要求

　　各类报废动力电池贮存要求及贮存容器要求见表 4-3-2。

表 4-3-2　各类报废动力电池贮存要求及贮存容器要求

电池种类	特性	贮存要求	贮存容器要求
含镉废蓄电池	危险型报废动力电池	对于不同种类，采用分离贮存的方式；对于同一种类，采用隔离贮存的方式	用塑料槽或铁制容器贮存，并按有关规定贴有危险废物标签
废铅酸蓄电池			
氧化还原液流电池（全钒液流电池）			

续表

电池种类	特性	贮存要求	贮存容器要求
含锂废蓄电池	一般型报废动力电池	采用隔离或隔开贮存的方式,贮存仓库及场所应按有关规定贴有一般固体废物警告标志	用塑料槽或铁制容器贮存
含锌锰废蓄电池			
含锌银废蓄电池			
含镍废蓄电池			
其他类废蓄电池			

各类报废动力电池应根据其特性采用相应的贮存容器,并满足表4-3-2中规定的相关要求。凡漏液的报废动力电池都应放置在耐酸/耐碱的容器内,电池废料可用塑料槽或铁制容器贮存。

贮存时应保证报废动力电池正、负极相互隔离,以防短路引起火灾。应避免贮存大量的报废动力电池或贮存时间过长,贮存时间最长不应超过一年。

（2）贮存设施要求

报废动力电池的贮存设施应设置固体废物警示标志,盛装报废动力电池的容器和包装上应贴有警示标签,标签上须注明报废动力电池的类别、危险危害性以及开始贮存的时间。

（3）贮存场所要求

报废动力电池应放置在阴凉干燥的地方,避免阳光直射、高温、潮湿。不应将报废动力电池堆放在露天场地。

报废动力电池的贮存场所应具有消防设备及污水、废酸等污染物监测设备。

危险型报废动力电池的贮存场所地面应做好防腐和防渗处理,贮存场所应建设一个防腐和防渗紧急收集池,用以收集报废动力电池破损时渗漏出来的有害液体;收集的有害液体应做无害化处理,若本身无能力处理,应交给有资质或行政许可的单位处理。

4.4 新能源汽车驱动电机报废后的分类

（1）分类分级的原则

按电机种类结构将废电机分为废异步（感应）电机、废同步电机、废直流电机（包括永磁直流电机和无刷直流电机）、废单相串励电机、废步进电机和其他类废电机6个种类,再按功率大小分为12个小类,按照零部件组成给出顺序码。

依据废电机完好程度、可修复情况给出外观分级质量要求,具体见表4-4-1。

表4-4-1 分级质量要求

项目	质量要求		
	一级	二级	三级
描述	结构完整,目视无损坏,通电能正常运转,基本符合再制造要求	有维修痕迹或轻微破损,通电能正常运转,可通过修复使之满足再制造要求	外观不完整或破损严重,不能实现通电运转
分级建议	直接用于再制造	修复后用于再制造	直接拆解

（2）编码规则和代码结构

根据废电机的分类和分级方法,分类和分级代码由十位阿拉伯数字组成:前四位阿拉伯数字为大类代码（废电机的代码为1110）;第五位为中类顺序码,代码数字1、2、3、4、5、

9分别代表废异步（感应）电机、废同步电机、废直流电机（包括永磁直流电机和无刷直流电机）、废单相串励电机、废步进电机和其他类废电机；第六位、第七位为小类顺序码，如代码01～99代表功率大小分类；第八位、第九位为电机的主要部件顺序码，各类电机典型部件为01～99；第十位为废电机分级顺序码，分别用1（可用于再制造）、2（修复后可再制造）、3（直接拆解）表示（图4-4-1）。

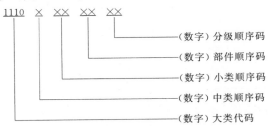

图4-4-1　废电机分类分级代码结构

中类、小类、部件、分级码不再细分时，代码补"0"直至第十位。

（3）废电机分类及代码（表4-4-2）

表4-4-2　废电机分类及代码

代码			类别名称
大类代码	中类代码	小类代码	
	11101		废异步(感应)电机
		1110101～1110199	
	11102		废同步电机
		1110201～1110299	
	11103		废直流电机(包括永磁直流电机和无刷直流电机)
1110		1110301～1110399	
	11104		废单相串励电机
		1110401～1110499	
	11105		废步进电机
		1110501～1110599	
	11109		其他类废电动机
		1110901～1110999	

（4）废电机功率代码（表4-4-3）

表4-4-3　废电机功率代码

小类代码	部件顺序码	功率 P 范围/kW
	01	$P \leqslant 0.1$
	02	$0.1 < P \leqslant 0.75$
1110101～1110199	03	$0.75 < P \leqslant 7.5$
	04	$7.5 < P \leqslant 15$
	05	$15 < P \leqslant 30$

续表

小类代码	部件顺序码	功率 P 范围/kW
	06	$30 < P \leqslant 55$
	07	$55 < P \leqslant 90$
	08	$90 < P \leqslant 160$
1110101～1110199	09	$160 < P \leqslant 250$
	10	$250 < P \leqslant 315$
	11	$315 < P \leqslant 1000$
	99	$P > 1000$

（5）废电机部件顺序码（表4-4-4）

表4-4-4　废电机部件顺序码

小类代码	部件顺序码	部件名称	小类代码	部件顺序码	部件名称
1110×01～1110×99	01	转子铜条	1110×01～1110×99	21	端盖
1110×01～1110×99	02	转子铁芯铸铝	1110×01～1110×99	22	铭牌
1110×01～1110×99	03	转子铁芯	1110×01～1110×99	23	密封圈
1110×01～1110×99	04	转子绕组漆包线	1110×01～1110×99	24	密封垫
1110×01～1110×99	05	转子换向器	1110×01～1110×99	25	铆钉
1110×01～1110×99	06	转子滑环	1110×01～1110×99	26	螺栓
1110×01～1110×99	07	转子（定子）永磁铁	1110×01～1110×99	27	螺母
1110×01～1110×99	08	定子铁芯	1110×01～1110×99	28	螺钉
1110×01～1110×99	09	定子绕组引出线	1110×01～1110×99	29	连接片
1110×01～1110×99	10	定子绕组漆包线	1110×01～1110×99	30	接线柱
1110×01～1110×99	11	定子绕组绝缘纸	1110×01～1110×99	31	接线盒
1110×01～1110×99	12	定子绕组绑扎带	1110×01～1110×99	32	接地牌
1110×01～1110×99	13	定子槽楔	1110×01～1110×99	33	键
1110×01～1110×99	14	转轴	1110×01～1110×99	34	垫圈
1110×01～1110×99	15	轴承盖	1110×01～1110×99	35	电刷及支架
1110×01～1110×99	16	轴承	1110×01～1110×99	36	挡圈
1110×01～1110×99	17	油封	1110×01～1110×99	37	出线孔盖
1110×01～1110×99	18	甩水环	1110×01～1110×99	38	波形弹簧
1110×01～1110×99	19	机座	1110×01～1110×99	39	风扇
1110×01～1110×99	20	风罩	1110×01～1110×99	99	其他

第 5 章

汽车常规绿色保养与快修技术

5.1 更换汽车（包括新能源汽车）油水液

5.1.1 汽车油水液

（1）汽车油水概述

"油"指的是发动机油、变速箱油、后桥差速油。

"水"指的是玻璃水。

"液"指的是蓄电池液、转向助力液、制动液、冷却液。

（2）汽车油水的更换周期

玻璃水没有明确的更换周期，用完了或者液位较低时都可补充，但需要使用带防冻的玻璃水；不可以长期添加饮用水，因为饮用水含杂质，容易发生堵塞的情况，尤其是在冬季的时候，饮用水会结冻，玻璃水是有防冻效果的。

发动机机油：矿物油的更换周期为半年或每行驶 5000km；半合成油为 8 个月或每行驶 8000km；而全合成油为 1 年或每行驶 10000km。机油的品牌和质量的不同，更换周期也会不相同。

变速箱油：自动变速箱油的更换周期一般为每行驶 4 万~8 万千米，具体更换时间需看车辆的保养手册，不同车辆品牌其更换时间还是有差别的；手动变速箱油，每 2 年或每行驶 6 万千米左右更换一次，具体更换时间需看车辆的保养手册，不同车辆品牌其更换时间还是有差别的。

后桥差速油：前驱车是没有差速器的，只有四驱车和后驱车带有差速器，普通车辆每行驶 4 万~6 万千米更换，不同车辆品牌其更换时间还是有差别的。

冷却液：更换周期与颜色、车型有关，一般更换周期为 2 年或每行驶 4 万千米，也有可以使用更长时间的冷冻液，更换周期为 5 年或每行驶 10 万千米，具体请参考车辆的使用说明书。

制动液：一般的更换周期是 2 年或每行驶 4 万千米，具体情况要视实际使用情况而定。

转向助力液：更换周期通常为 2 年或每行驶 4 万千米，时间稍微延长也没问题，但是注意检查。

蓄电池液：春秋季节一般 1 个月加一次，夏季 20 天左右加一次，冬季可以 2 个月加一次。用车次数和时间都会影响蓄电池液消耗量，建议定期检查蓄电池液的剩余量，及时添加。

扫一扫

视频精讲

5.1.2 更换发动机机油和机滤

以日产轩逸车型为例。

（1）更换前检查发动机机油

> **注意**：启动发动机前，将车辆水平放置并检查发动机机油油位。如果发动机已启动，请关闭并静置10min再进行检查。

a. 拉出机油尺并擦拭干净。

b. 插入机油尺，确认发动机机油油位在如图5-1-1所示的 A 范围内。

c. 发动机机油外观。检查机油是否有白色浑浊或严重污染。如果发动机机油出现浑浊和白色，则很可能受到了发动机冷却液的污染，应修理或更换损坏的零件。

（2）更换发动机机油

① 排放发动机机油。

> **注意**：发动机机油温度可能很高，注意不要被烫伤。长时间反复接触用过的发动机机油可能会导致皮肤癌。尽量避免皮肤直接接触用过的发动机机油。如果接触到皮肤，应尽快使用肥皂或清洁剂彻底清洗。

a. 暖机并检查发动机部件有无机油泄漏。

b. 关闭发动机并等待10min。

c. 松开机油加注口盖。

d. 拆下排放塞，然后排出机油。

e. 使用机油滤清器扳手 A 拆下机油滤清器（图5-1-2）。

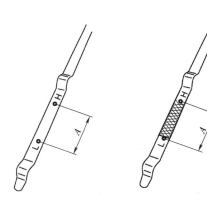

图 5-1-1　发动机机油油位

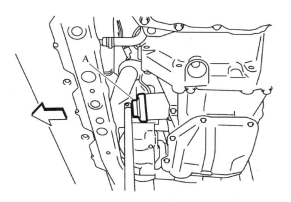

图 5-1-2　拆卸机油滤清器

> **注意**：机油滤清器有一个释放阀，需要使用正品的机油滤清器或同等产品。发动机和发动机机油的温度可能很高，小心不要被烫伤。拆卸时，准备一块抹布用于吸干泄漏或溢出的发动机机油。彻底擦拭干净黏附在发动机和车辆上的发动机机油。

② 加注机油。

a. 让机油滴完，安装带有新排放塞垫圈的排放塞，标准力矩为34.3N·m。

> **注意**：务必清洗排放塞并用新的排放塞垫圈安装。

　　b. 安装机油滤清器。清除机油滤清器安装表面上黏附的异物。在新的机油滤清器油封接触面上涂抹新的发动机机油（图 5-1-3）。手动旋入机油滤清器直至接触到安装表面，然后将 A 拧紧 2/3 圈，或拧紧至规定扭矩，标准力矩为 17.7N·m（图 5-1-4）。

图 5-1-3　涂抹新的发动机机油

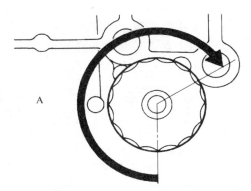

图 5-1-4　拧紧机油滤清器

　　c. 加注新的发动机机油。机油规格和黏度：选用 0W-20SN 机油。发动机机油容量：3L。

　　d. 暖机并检查排放塞和机油滤清器周围区域有无机油泄漏。

　　e. 关闭发动机并等待 10min。

　　f. 检查发动机机油油位。

　　（3）储存发动机废机油

　　① 废机油禁止外排，要用油桶保存。

　　② 废机油存放要有特定的地点，要有专人管理，存放地点禁止动火，以防止火灾发生。

　　③ 废机油应分品种、分标号单独存放。

　　④ 油桶盖要盖严。

　　⑤ 存放地点的灭火器材要配备齐全，万一发生火灾，按防火作战计划立即扑救。

　　⑥ 废旧机油滤清器中也含有具有危险性的废旧发动机机油，因此废旧机油滤清器在被丢弃之前必须排除剩余机油，方法是打开滤清器防漏阀或滤清器顶罩，然后干燥至少 12h。将机油从滤清器中除去后，可丢入常规垃圾桶中。

5.1.3　更换变速箱油

　　以日产轩逸车型为例。

　　（1）检查 CVT 变速箱是否泄漏（图 5-1-5）

　　检查变速驱动桥周围区域（油封和排放塞等）有无液体泄漏。如果发现任何状况，需修理或更换损坏的零件并调整 CVT 变速箱油油位。

　　（2）更换 CVT 变速箱油

　　注意： 仅使用正品 CVT 油。使用正品 CVT 油以外的变速箱油将损坏 CVT。

　　在安装的最后操作阶段，用新的排放塞密封垫更换旧件。在观察排放孔时必须小心，因为可能会有油滴入眼睛的危险。

　　更换后，务必执行 CVT 油泄漏检查。

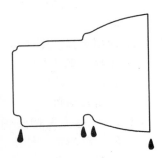

图 5-1-5　检查 CVT 变速箱是否泄漏

① 使用电脑诊断仪在"变速箱"中选择"数据监控"。

② 选择"油温"，然后确认 CVT 油温度处于 40℃或以下。

③ 检查选挡杆，应置于"P"挡，然后完全接合驻车制动。

④ 顶起车辆。

⑤ 拆下排放塞和溢流管，然后从油底壳排出 CVT 油。

⑥ 把加注管 A 安装到排放孔上（图 5-1-6）。

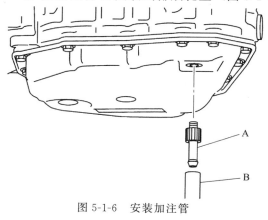

图 5-1-6 安装加注管

注意：用手拧紧加注管。

⑦ 将自动变速箱油更换器软管 B 安装到加注管上。

注意：将自动变速箱油更换器软管一直按压在加油管上直至停止。

⑧ 添加约 3L CVT 油。

⑨ 拆下自动变速箱油更换器软管及加油管，然后安装排放塞。

⑩ 降下车辆。

⑪ 启动发动机。

⑫ 在踩制动踏板的同时，将换挡杆完全从"P"挡转换到"L"挡，再转换到"P"挡。

注意：使换挡杆在每个挡位停留 5s。

⑬ 检查并确认"油温"处于 35～45℃。

⑭ 关闭发动机。

⑮ 顶起车辆。

⑯ 拆下排放塞，然后排出油底壳的 CVT 油。

⑰ 重复步骤⑥～⑯（一次）。

⑱ 安装溢流管。

⑲ 拆下排放塞，确认从溢流管排出了 CVT 油。

注意：车辆怠速时，执行此操作。如 CVT 油未排出，重新加注 CVT 油。

⑳ CVT 油流动速度变慢到滴油时，将排放塞拧紧到规定的扭矩。

注意：切勿重复使用排放塞密封垫。

㉑ 降下车辆。

㉒ 使用选择"变速箱"中的"工作支持"。

㉓ 选择"确认 CVT 油劣化"。

㉔ 触摸"清除"。

㉕ 关闭发动机。

（3）储存变速箱废润滑油

① 废润滑油禁止外排，要用油桶保存。

② 废润滑油存放要有特定的地点，要有专人管理，存放地点禁止动火，以防止火灾发生。

③ 废润滑油应分品种、分标号单独存放。

④ 油桶盖要盖严。

⑤ 存放地点的灭火器材要配备齐全，万一发生火灾，按防火作战计划立即扑救。

5.1.4　更换后桥差速器油

以宝马 325 车型的 B48 发动机为例。

（1）更换后桥差速器油

① 松开注油螺栓 1（图 5-1-7）。抽吸后桥差速器油。

② 同样地在抽油口中加油（加注量：0.9L）。当注油螺栓开口处有少许油溢出时，说明后桥差速器中的油位调整正确。

③ 更换新的注油螺栓。旋入并拧紧注油螺栓，标准力矩：60N·m。

（2）储存废润滑油

① 废润滑油禁止外排，要用油桶保存。

② 废润滑油存放要有特定的地点，要有专人管理，存放地点禁止动火，以防止火灾发生。

③ 废润滑油应分品种、分标号单独存放。

④ 油桶盖要盖严。

⑤ 存放地点灭火器材要配备齐全，万一发生火灾，按防火作战计划立即扑救。

图 5-1-7　松开注油螺栓

5.1.5　更换制动液

以日产轩逸车型为例。

（1）检查制动液、制动管路

① 检查制动液。确认储液罐中的制动液液位在标准范围内（在 MAX 和 MIN 线之间）（图 5-1-8）。

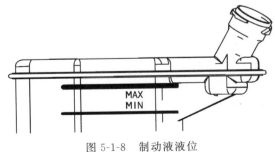

图 5-1-8　制动液液位

目视检查储液罐周围有无制动液泄漏。如果液位非常低（低于 MIN），则检查制动系统有无泄漏。如果即使松开驻车制动警告灯也持续点亮，也要检查制动系统有无制动液泄漏。

检查储液罐内有无制动液以外的异物（如灰尘）和油液混入。

② 检查制动管路。检查制动管路（管和软管）（图 5-1-9）有无裂纹、变质或其他损坏。更换损坏的零件。

在发动机运转时，用 785N 的力踩下制动踏板，并踩住踏板约 5s。检查有无油液泄漏。

> **注意：**如果制动液发生泄漏，则将相应连接重新拧紧至规定扭矩并修理异常（损坏、磨损或变形）零件。

（2）更换制动液

注意： 切勿将制动液洒或溅到漆面上。制动液可能会严重损坏漆面。如果制动液溅到漆面上，应立即将其擦除并用水清洗。关于制动零部件，切勿用水冲洗。进行工作前，将点火开关转至 OFF 位置，断开 ABS 执行器和电气单元（控制单元）线束接头或蓄电池负极端子。

① 排放制动液。

a. 将乙烯管插到放气阀上。

b. 踩下制动踏板并松开放气阀，逐渐排出制动液（图 5-1-10）。

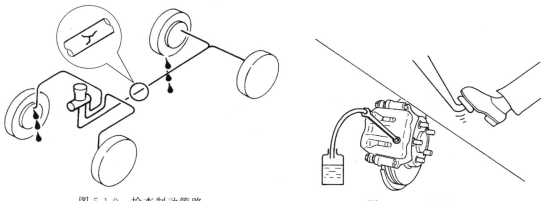

图 5-1-9　检查制动管路　　　　　　　图 5-1-10　排出制动液

② 确认储液罐内没有异物，然后重新加注新的制动液。

注意： 切勿重复使用排出的制动液。切勿让异物（如灰尘）和除制动液外的油液进入储液罐。

③ 松开放气阀，慢慢将制动踏板踩到底，然后松开踏板。每隔 2s 或 3s 重复该操作一次，直至新制动液排出。然后踩下制动踏板，关闭放气阀。针对每个车轮重复相同的操作。

④ 制动系统放气。

注意： 执行放气的同时，监测储液罐中的液位。

a. 确认储液罐内没有异物，然后重新加注新的制动液。

b. 将乙烯管插到右后制动器的放气阀上。

c. 将制动踏板踩到底 4～5 次。

d. 在踩下制动踏板的情况下，松开放气阀并放气，然后迅速拧紧放气阀。

e. 重复步骤 c 和 d 直到排出制动管路中的所有空气。

f. 拧紧放气阀至规定扭矩。

g. 执行步骤 b～f。不定期地填充制动液以保持储液罐内的液体至少半满。按下列顺序排气：右后制动器→左前制动器→左后制动器→右前制动器。

h. 放气后确认储液罐中的液位是否在规定范围内。

i. 检查制动踏板的各个项目。如果测量值不符合标准，请进行调整。

（3）储存废制动液

① 将废旧的制动液储存在专用容器内，并进行明显注明。

② 勿将废旧的制动液与废弃的发动机机油混合。

③ 勿将废旧的制动液倒在排水沟中或地面上。

5.1.6　更换转向助力油

① 启动汽车，将原来的旧油吸干净。

② 将旧的转向助力油吸干净之后，注入新的转向助力油，然后来回转动方向盘，让新油渗透，同时也能起到清洗的作用。来回打方向盘的目的是排出转向机里的旧油，不要长时间打死方向盘，否则会导致油压过大，转向油会喷出。

③ 再次将助力罐中的油吸干净，然后注入新的助力油，然后重复上面第②步，再次转动方向盘。

④ 再次将助力油吸走，这样反复的操作主要是为了将旧的助力油全部清除干净，然后注入新油。另外需要注意的一点就是任何油品都不能混加。

⑤ 注入完新的助力油之后，启动车辆，会有异响声，这表明油在循环，慢慢就会恢复无声。不过需要注意的是不能长时间空油着车，否则会毁坏助力泵。

⑥ 储存废转向助力油。

a. 废旧转向助力油禁止外排，要用油桶保存。

b. 废旧转向助力油存放要有特定的地点，要有专人管理，存放地点禁止动火，以防止火灾发生。

c. 废旧转向助力油应分品种、分标号单独存放。

d. 油桶盖要盖严。

e. 存放地点的灭火器材要配备齐全，万一发生火灾，按防火作战计划立即扑救。

f. 不得与其他油液混合存放在一起。

5.1.7　更换冷却液

（1）检查发动机冷却液

发动机冷却后，检查储液罐中发动机冷却液液位是否在"MIN"至"MAX"范围内（图 5-1-11）。

（2）检查冷却系统是否泄漏

检查是否有泄漏时，应使用散热器盖测试仪（通用维修工具）A 和散热器盖测试仪适配器（通用维修工具）B 对冷却系统施加压力（图 5-1-12）。测试压力：157kPa。

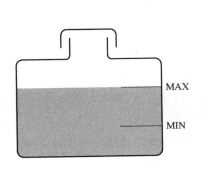

图 5-1-11　检查发动机冷却液

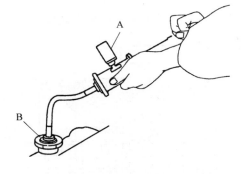

图 5-1-12　检查冷却系统是否泄漏

如果在保压过程中压力下降，则说明冷却系统存在泄漏的情况。

（3）更换发动机冷却液

警告：切勿在发动机高温时拆卸散热器盖，否则散热器中喷出的高压液体可能造成严重的烫伤。

用厚布裹住散热器盖，慢慢将散热器盖转动 1/4 圈以释放蓄积的压力，然后完全拧开散热器盖。

① 排空发动机冷却液。

a. 拆下发动机底盖。

b. 打开散热器底部的散热器排放旋塞 1（图 5-1-13），然后拆下散热器盖。

注意：在发动机冷却后执行此步骤。在排放系统中的所有发动机冷却液后，打开缸体上的排水塞。

c. 如有必要，可拆下储液罐，排放发动机冷却液并在安装前清洁储液罐。

d. 检查排出的发动机冷却液是否受到污染（如锈蚀、腐蚀或变色）。如果受到污染，请冲洗发动机冷却系统。

② 加注发动机冷却液。

a. 安装拆卸下的储液罐，并安装散热器排放旋塞。

b. 检查各软管卡箍是否已牢固拧紧。

c. 拆下空气管道（位于空气滤清器箱和电子节气门控制执行器之间）。

d. 断开加热器软管 1（图 5-1-14），尽量抬高加热器软管。

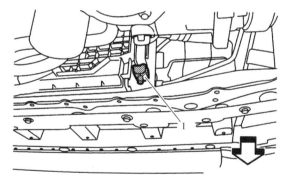

图 5-1-13　打开散热器排放旋塞

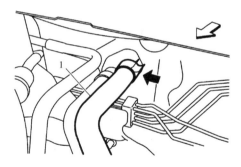

图 5-1-14　断开加热器软管

e. 将散热器 1 加满至规定高度（图 5-1-15）。

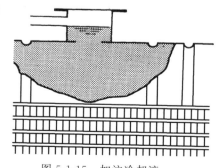

图 5-1-15　加注冷却液

注意：切勿使发动机冷却液沾到电子设备（交流发电机等）上。缓慢加注发动机冷却液，以排出系统中的空气。当发动机冷却液溢出加热器软管时断开连接，然后重新连接加热器软管并继续加注发动机冷却液。

f. 将储液罐中的发动机冷却液加注到"MAX"位置。

g. 安装空气管道（空气滤清器箱盖总成和涡轮增压器进气管之间）。

h. 安装散热器盖。

i. 让发动机暖机直至节温器打开。标准暖机时间大约为 10min（3000r/min）。通过触摸散热器软管（下）感觉是否有温水流出以检查节温器是否打开。

j. 关闭发动机并冷却至大约 50℃ 以下。使用风扇缩短冷却时间。如有必要，将散热器中的发动机冷却液加注到加注口颈部。

k. 将储液罐中的发动机冷却液加注到"MAX"位置。

l. 装上散热器盖，重复步骤 e～j 两次或以上，直至发动机冷却液液位不再下降。

m. 在发动机运转的情况下检查冷却系统有无泄漏。

n. 暖机，使发动机怠速运转至 3000r/min，同时设置加热器温度控制器在"COOL"和"WARM"之间的位置上，听发动机冷却液流动的声音，加热器单元处的声音可能会变明显。

o. 重复步骤 n 三次。

p. 如果听到声音，重复操作步骤 e～j，排出冷却系统中的空气，直至储液罐液位不再下降。

（4）储存废旧冷却液

① 将废旧冷却液储存在专用容器内，并进行明显注明。

② 勿将废旧冷却剂与废弃的发动机机油混合。

③ 勿将废旧冷却液倒在排水沟中或地面上。

5.2 更换"三滤"

5.2.1 更换空气滤清器

（1）拆卸空气滤清器

拆下包括空气滤清器、空气滤清器箱和进气空气管道（上）的总成。拆下空气滤清器箱。从空气滤清器箱 1 上拆下空气滤清器 2（图 5-2-1）。

（2）安装空气滤清器

> **注意**：根据感觉和声音检查空气滤清器箱的两个棘爪是否牢固地啮合在空气滤清器箱上。按照与拆卸相反的顺序安装。

5.2.2 更换空调滤清器

（1）拆卸空调滤清器

从手套箱盖总成下侧拆下空调滤清器盖。压紧空调滤清器（图 5-2-2），然后将其滑向车辆左侧或右侧。

> **注意**：如果拆卸时空调滤清器变形/损坏，更换新的空调滤清器。变形/损坏的空调滤清器可能会降低吸尘性能。

（2）安装空调滤清器

> **注意**：安装时，应非常小心操作滤清器，以避免变形/损坏。按照与拆卸相反的顺序安装。

扫一扫

视频精讲

图 5-2-1 拆下空气滤清器

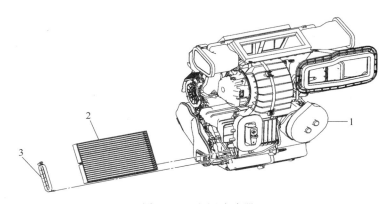

图 5-2-2　空调滤清器

1—空调单元总成；2—空调滤清器；3—滤清器盖

5.2.3　更换燃油滤清器

以宝马 325 车型的 B48 发动机为例。

（1）拆下侧面底板饰件

如图 5-2-3 所示，松开所有螺栓和螺母（箭头），抽出底板饰件 1。

（2）拆卸外部的燃油滤清器（图 5-2-4）

将燃油管路 1 和 2 解除联锁并松开。松开螺母 3。解锁支架 4 上的锁止件。抽出并拆下支架 4。抽出并拆下燃油滤清器 5。

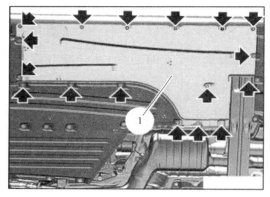

图 5-2-3　拆下侧面底板饰件

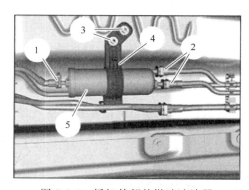

图 5-2-4　拆卸外部的燃油滤清器

（3）安装外部的燃油滤清器

穿入并安装新的燃油滤清器 5。安装支架 4 并用锁止件固定。连接燃油管路 2 并确保听见其联锁声音。连接燃油管路 1 并确保听见其联锁声音。

（4）储存燃油滤清器

拆下的燃油滤清器里面还有燃油，因此要将旧燃油滤清器里的燃油放干净。

5.3　更换蓄电池

（1）拆卸蓄电池

断开蓄电池（图 5-3-1）负极电缆。

注意：首先从负极接线柱 1 上断开蓄电池负极电缆，以防零件损坏。

拆下蓄电池正极端子盖。断开蓄电池正极端子电缆。拆下蓄电池固定架装配螺母和蓄电池固定架。拆下蓄电池。

（2）安装蓄电池

按照与拆卸相反的顺序安装。

注意：首先将蓄电池电缆连接到正极端子上，以防零件损坏。连接蓄电池电缆后，为安全地提供蓄电池电压，应确认电缆已夹紧到蓄电池端子上，并接触良好，检测蓄电池端子有无因腐蚀引起的不良连接。

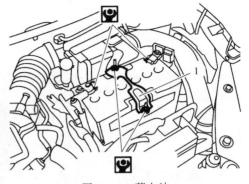

图 5-3-1　蓄电池

（3）储存废旧蓄电池

酸性含铅废旧蓄电池必须进行回收，否则将被视为有害废弃物；泄漏的蓄电池必须被当作有害废弃物储存和运输；禁止掩埋和焚化酸性含铅废旧蓄电池；要求将废旧蓄电池送往电池零售商、批发商、回收中心或铅熔炉进行处理；所有汽车电池零售商须贴出统一的回收标识，说明接收废旧蓄电池的具体要求。

回收点收集的废旧蓄电池若不能及时运输转移，应设置专用的贮存场所，并设立危险废弃物标志，保持良好的通风状况。废旧蓄电池不得与其他物品混存，禁止将废旧蓄电池堆放在露天场地。若只能进行户外存放，强烈建议使用防酸性物质腐蚀的外包装，且放置在有遮蔽的安全区域。此外，废旧蓄电池应放在防酸的平台上，切勿堆叠。

5.4　更换节气门总成

节气门控制单元一般包括电控油门操纵机构的节气门驱动装置和 2 个电控油门操纵机构的节气门驱动装置角度传感器。

5.4.1　拆卸节气门

① 拆卸发动机罩盖。拆卸前冷却液管。旋出螺钉 1 和 3，沿箭头方向松开卡扣，拆下空气导管封盖 2（图 5-4-1）。

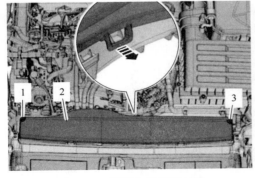

图 5-4-1　拆下空气导管封盖

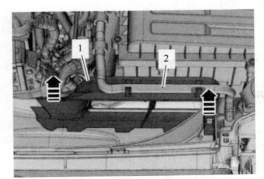

图 5-4-2　拆下上部进气口

② 脱开冷却液软管 2，沿箭头方向松开卡扣，拆下上部进气口 1（图 5-4-2）。

③ 旋出左右两侧螺钉（箭头），拆下下部进气口 1（图 5-4-3）。拆卸发动机舱底部隔音板。

④ 松开螺纹卡箍 1，拔下增压空气软管（图 5-4-4）。

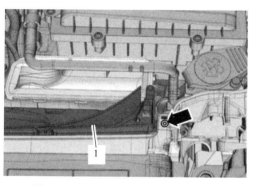

图 5-4-3　拆卸发动机舱底部隔音板

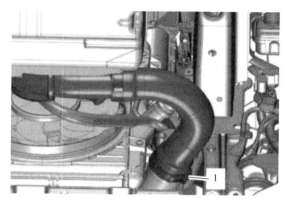

图 5-4-4　拔下增压空气软管

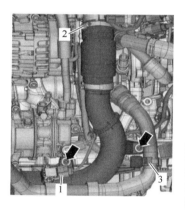

图 5-4-5　拆下进气导管

⑤ 如图 5-4-5 所示，松开卡子 3，将冷却液软管放置一旁。拔下增压压力传感器/进气温度传感器的插头 1，旋出螺栓（箭头）。

⑥ 松开螺纹卡箍 2（图 5-4-5），拔下节气门控制单元 J338 上的空气导管。向下拆下进气导管。

5.4.2　清洁节气门

> **注意**：如果安装了一个新的发动机控制单元，只能与新的或干净的节气门控制单元进行匹配，因为关闭状态下节气门中的污垢/积炭会导致不正确地匹配值。
> 在清洁节气门壳体时，不允许刮伤它。

① 拆卸节气门控制单元。用手打开节气门并用一个合适的工具（箭头）（例如木制或塑料楔块）将它锁定在打开位置（图 5-4-6）。

② 用节气门清洗剂和一把干净的刷子仔细清洁节气门壳体，特别是节气门关闭时的外圈（箭头）周围（图 5-4-7）。

③ 用无纤维的布擦干节气门壳体。等待清洗剂完全蒸发后，再装入干净的节气门控制单元。

④ 匹配发动机控制单元与节气门控制单元。

5.4.3　安装节气门

安装以拆卸的相反顺序进行，同时注意清洁 O 形圈和密封表面。

5.4.4　废旧清洁溶剂

废旧或失效的溶剂可能含有二甲苯、甲烷、乙醚和甲基异丁基酮等。这些物质必须储存在专用安全容器中，并封紧容器盖。此外，容器必须置于保护装置内，即再装入另一个容器或设有防止溶剂溢流的保护容器中，如溢流盘。

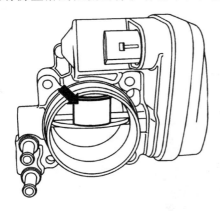

图 5-4-6　打开节气门

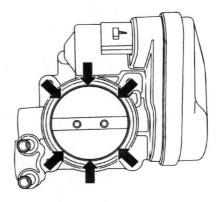

图 5-4-7　清洁节气门壳体

扫一扫

▶ 视频精讲

5.5　检查发动机正时位置

① 拆下前车轮（右）。
② 拆下前翼子板保护板（右侧）。
③ 排放发动机油。

> **注意：** 在发动机冷却后执行此步骤。

④ 拆下摇臂盖、驱动带、水泵带轮。
⑤ 使用变速箱千斤顶支撑发动机的底部，然后拆下发动机底座支架和隔垫（右）。
⑥ 按以下步骤将第 1 缸设定在压缩行程的上止点。

a. 顺时针转动曲轴带轮 2，并将 TDC 标记（非油漆记号）A 对准前盖上的正时标记 1（图 5-5-1）。B 为白色油漆标记（不用于维修）。

b. 检查每个凸轮轴链轮上的匹配标记都应定位在如图 5-5-2 所示的位置。如果匹配标记不正确，则需重新调整正时位置。

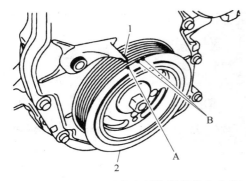

图 5-5-1　第 1 缸设定在压缩行程的上止点

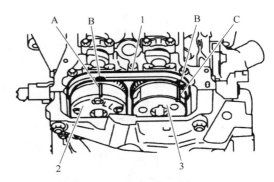

图 5-5-2　检查每个凸轮轴链轮上的匹配标记
1—正时链条；2—凸轮轴链轮（排气）；3—凸轮轴链轮（进气）；A—匹配标记（外槽）；B—粉红色链节；C—匹配标记（外槽）

5.6　更换点火线圈

（1）拆卸点火线圈

拆卸发动机盖罩。用拉拔器 T40039 沿箭头方向拔出所有点火线圈约 30mm（图 5-6-1）。

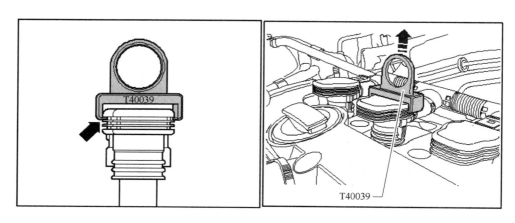

图 5-6-1　拔出所有点火线圈约 30mm

（2）安装点火线圈

注意：安装新火花塞前必须先用润滑膏再次润滑点火线圈。由此可避免点火线圈的密封软管"紧粘"在火花塞上。插入点火线圈时润滑膏会扩散到火花塞上。

① 在点火线圈的密封软管四周涂覆一层薄薄的润滑膏（箭头），其厚度必须为 1～2mm（图 5-6-2）。将所有点火线圈插入火花塞孔内。

② 对齐点火线圈与连接插头（箭头），将所有插头同时插到点火线圈上（图 5-6-3）。将点火线圈用手均匀压到火花塞上。

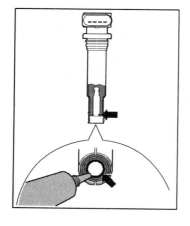

图 5-6-2　润滑点火线圈

图 5-6-3　连接点火线圈插头

5.7　更换火花塞

（1）拆卸火花塞

① 拆卸空气滤清器。拧下点火线圈紧固螺栓 1，松开插头锁止卡，拔出插头 2（图 5-7-1）。

② 取下点火线圈。用火花塞扳手拧下火花塞（图 5-7-2）。

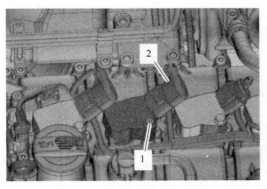

图 5-7-1　拔出插头

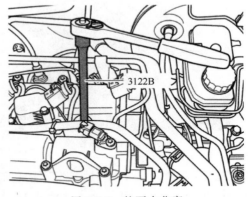

图 5-7-2　拧下火花塞

（2）安装火花塞

安装以倒序进行。

5.8　更换水泵

5.8.1　燃油汽车发动机更换冷却液泵

（1）拆卸冷却液泵

① 排出冷却液。松开弹簧卡箍（箭头），拔下冷却液软管（图 5-8-1）。

② 脱开线束固定卡［（箭头 A）和（箭头 B）］，拧出螺栓 1 和 2，取下冷却液齿形皮带盖罩 3（图 5-8-2）。

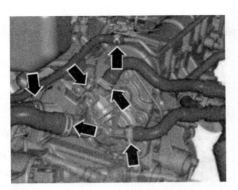

图 5-8-1　拔下冷却液软管

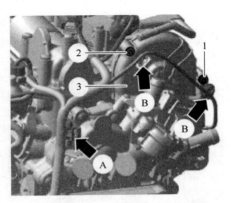

图 5-8-2　取下冷却液齿形皮带盖罩

③ 按照 5-4-3-2-1 的顺序松开螺栓并拧出（图 5-8-3）。取下冷却液泵和齿形皮带。如果更换了冷却液泵，则拆卸冷却液调节器壳体。

（2）安装冷却液泵

① 更换壳体密封件（箭头）（图5-8-4）。如果更换了冷却液泵，则同时更换齿形皮带。

② 用标配的软件卡箍固定软管连接。注意壳体密封件的位置是否正确。

③ 用冷却液润滑冷却液泵密封件。

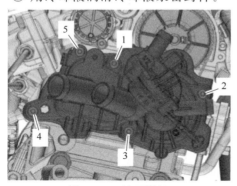

图5-8-3　松开螺栓

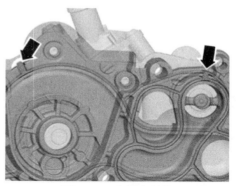

图5-8-4　壳体密封件

注意：安装冷却液泵时，必须按照规定的顺序步骤进行，才能确保正确张紧齿形皮带。接下来的工作步骤需要由另一名机修工完成。

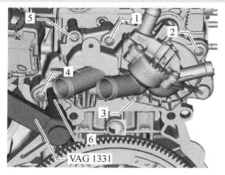

图5-8-5　安装扭矩扳手和内六角转接头

④ 气缸1置于上止点处。对中放上齿形皮带，接着将冷却液泵置于安装位置。用紧固螺栓将冷却液泵固定在气缸盖上，按照1～5的顺序预拧紧螺栓，紧固至12N·m（图5-8-3）。

⑤ 重新松开所有螺栓1圈。在冷却液泵上安装扭矩扳手和内六角转接头6（图5-8-5）。

⑥ 在冷却液泵仍然处于预张紧的状态下，按照所述顺序拧紧冷却液泵螺栓：2-1-5紧固力矩为10N·m；3-4-5-1-2紧固力矩为12N·m。

其余安装以倒序进行。

5.8.2　新能源纯电动汽车更换电子水泵

（1）拆卸电子水泵

① 分离辅助12V蓄电池负极导线。拆卸底盖，排放冷却液。分离电动水泵（EWP）入口软管A（图5-8-6）。

② 分离电动水泵（EWP）出口软管A（图5-8-7）。

图5-8-6　分离电动水泵入口软管

图5-8-7　分离电动水泵出口软管

③ 分离电动水泵（EWP）连接器 A（图 5-8-8）。
④ 拆卸电动水泵（EWP）总成 A（图 5-8-9）。

图 5-8-8　分离电动水泵连接器　　　　图 5-8-9　拆卸电动水泵总成

（2）安装电子水泵

按拆卸的相反顺序安装。在副水箱内填充冷却水。

5.9　更换燃油高压泵

（1）拆卸燃油高压泵

发动机冷机。

> 注意：处于高压状态下的燃油可能导致人员受伤。

拆卸节气门控制单元。拆卸高压管。脱开电气连接插头 1。松开软管卡箍 2，拆下燃油供油软管。拧出高压泵的紧固螺栓 3，从凸轮轴壳体中取出滚轮挺杆和高压泵（图 5-9-1）。

> 注意：在下方放置一块抹布，用于吸收溢出的燃油。

（2）燃油高压泵的组成（图 5-9-2）

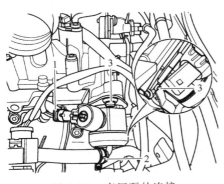 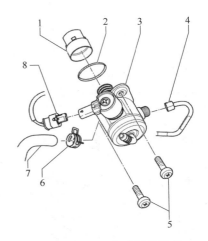

图 5-9-1　高压泵的连接

图 5-9-2　燃油高压泵的组成

1—滚轮挺杆；2—O 形环；3—高压泵；4—高压管；5—螺栓；6—软管卡箍；7—燃油供油管路；8—电气连接插头

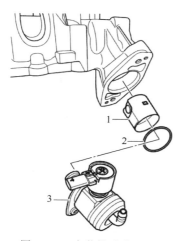

图 5-9-3 安装燃油高压泵

④ 检查燃油系统的密封性。

（3）安装燃油高压泵

① 检查滚轮挺杆是否损坏，必要时予以更换。用干净的发动机机油浸润滚轮挺杆 1（图 5-9-3）。在凸轮轴壳体中装入已上油的滚轮挺杆 1。

> **注意：**更换 O 形环。

② 沿发动机运转方向旋转曲轴，直至滚轮挺杆位于最深处。在高压泵凹槽 3 中装入一个已上油的新 O 形环 2。

③ 以规定力矩交叉拧紧螺栓。

第 1 步：用手拧入，直至紧贴。

第 2 步：交替旋转 1 圈，直至高压泵法兰紧贴凸轮轴壳体。

第 3 步：紧固至 20N·m。

第 4 步：继续旋转螺栓 90°。

5.10 更换燃油泵

5.10.1 拆卸燃油泵

① 使用燃油抽吸装置抽取燃油。

> **注意：**燃油箱内燃油不能超过 3/4，这能保证燃油液面在燃油泵的法兰之下。

② 拆卸后排座椅。使用拆卸楔 3409 撬开固定卡子（箭头），以打开燃油输送单元的盖板 1（图 5-10-1）。

③ 从盖板 2 上沿（箭头）方向向下松开密封罩 1，沿着线束 3 向后移动盖板 2（图 5-10-2）。

④ 拔下连接插头 1（图 5-10-3），从燃油泵上拔下供油管 2 离插入式接头。

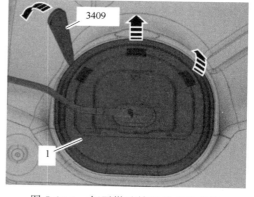

图 5-10-1 打开燃油输送单元的盖板

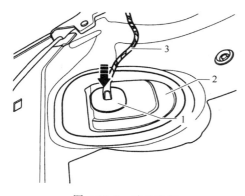

图 5-10-2 移动盖板

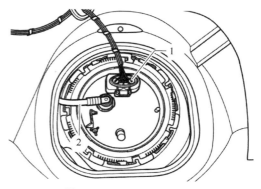

图 5-10-3 拔下连接插头

⑤ 使用扳手 T10202 打开锁环（图 5-10-4）。

⑥ 小心地抬起燃油输送单元。将密封法兰 2 略微从燃油箱的开口处拉出，将密封圈 1 从燃油箱的开口处拆下（图 5-10-5）。

图 5-10-4　使用扳手 T10202 打开锁环

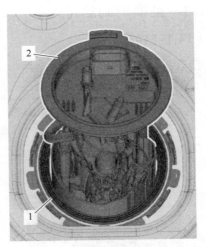

图 5-10-5　取出燃油输送单元

5.10.2　安装燃油泵

安装以倒序进行，同时注意以下事项。

① 将干燥的燃油泵密封圈 1 放入燃油箱的开口处。在安装燃油输送单元时，确保燃油存量显示传感器不弯曲。用燃油稍微浸润密封圈 1 的内侧。将密封法兰 2 上的圆点标记与燃油箱上的固定环（箭头）凹槽重叠（图 5-10-6）。

② 按下密封法兰 2，将密封法兰置于安装位置。

③ 燃油箱上的箭头 3 必须指向密封法兰 1 上的标记 2（图 5-10-7）。

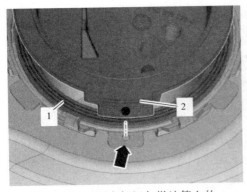

图 5-10-6　圆点标记与燃油箱上的
固定环（箭头）凹槽重叠

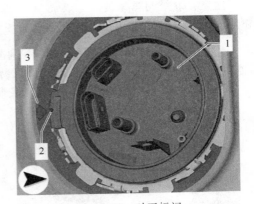

图 5-10-7　对正标记

④ 使用扳手 T10202 拧紧锁环。将燃油管插到燃油输送单元上，直至听到啮合的声音。连接插头。安装燃油输送单元后，至少加注 5L 的燃油。

5.11 更换制动片

扫一扫

视频精讲

5.11.1 更换前制动片

（1）拆卸前制动片

注意： 如果要重复使用制动摩擦片，则要对其进行标记。安装时将它们安装在原来位置，否则会导致制动力不均匀。

① 拆下车轮，用工具固定导向销，然后松开制动钳的固定螺栓（图5-11-1）。

② 取下制动钳1并用钢丝固定，防止制动钳的自重拉紧或损坏制动管。从制动器支架4上拆下制动摩擦片2和3（图5-11-2）。

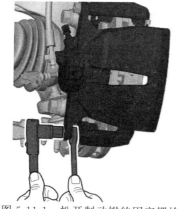

图5-11-1 松开制动钳的固定螺栓

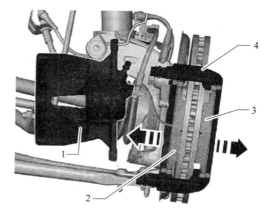

图5-11-2 拆下制动摩擦片

③ 清洁：彻底清洁制动器支架和制动摩擦片接触表面并清除锈蚀；清洁制动钳。

（2）安装前制动片

注意： 在使用活塞复位工具把活塞推入气缸之前，先从制动液储液罐中抽出制动液。否则，若储液罐注满，制动液会溢出并损坏其他部件。

① 将活塞复位工具1（T10145）装到制动钳2中，压回制动钳活塞（图5-11-3）。在制动器支架的制动摩擦片导向槽表面涂一层薄的润滑脂。

② 将制动摩擦片1通过固定弹簧2安装到制动器支架3上（图5-11-4）。

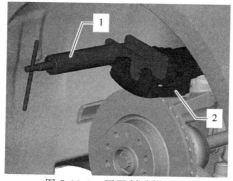

图5-11-3 压回制动钳活塞

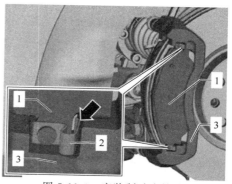

图5-11-4 安装制动摩擦片

注意：在安装制动摩擦片 1 后，检查确保制动摩擦片和固定弹簧 2 已正确放置在制动器支架 3 的凹槽（箭头）中（图 5-11-4）。

③ 小心地将制动钳安放在制动器支架上。用工具固定导向销，然后用新的固定螺栓固定制动钳。安装车轮。

注意：每次更换完制动器摩擦片后，在车辆静止时用力踩踏制动器踏板数次，使制动器摩擦片正确位于其正常工作位置。

④ 更换制动摩擦片后检查制动液位。

5.11.2　更换后制动片

（1）拆卸后制动片

① 拆下车轮。

注意：不要脱开驻车制动器电机的插头连接。

拆卸前必须用车辆诊断测试器将制动钳活塞缩回。在缩回活塞前，先从制动液储液罐中吸出制动液。否则，当储液罐注满时，制动液会溢出并引起损坏。

② 连接车辆诊断测试器，并使用车辆诊断测试器将活塞缩回。使用螺丝刀 A 撬起固定弹簧 1，使制动器摩擦片脱出制动钳（箭头）（图 5-11-5）。这样做时，用另一只手 B 撑起固定弹簧。

③ 拆卸盖子（箭头）（图 5-11-6）。

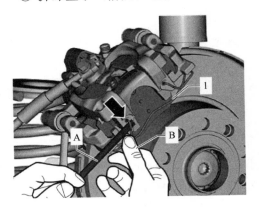

图 5-11-5　拆卸固定弹簧

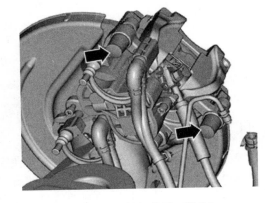

图 5-11-6　拆卸盖子（箭头）

④ 使用 7mm 转接头 T10503 和带棘齿的工具组合 VAS6784 旋出制动钳上的两个导向销（图 5-11-7）。

⑤ 取下制动钳 1 并用钢丝 A 固定，使制动钳的重量不会拉紧或损坏制动管（图 5-11-8）。

⑥ 使用活塞复位工具 1（T10145）完全压回活塞（图 5-11-9）。

⑦ 拆卸制动摩擦片 2 和 3（图 5-11-8）。

⑧ 清洁：彻底清洁制动器支架和制动摩擦片接触表面并清除锈蚀；清洁制动钳。仅使用酒精清洁制动钳壳体。

（2）安装后制动片

① 向制动器支架中装入内制动摩擦片 2 和外制动摩擦片 3（图 5-11-8）。安装制动钳，

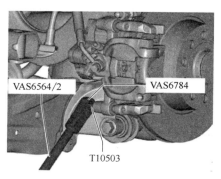

图 5-11-7　旋出制动钳上的两个导向销

图 5-11-8　用钢丝固定制动钳

并使用转接头 T10503 和带棘齿的工具组合 VAS6784 拧紧制动钳的两个导向销。

② 安装盖罩。在制动钳的孔中（箭头）装入制动摩擦片固定弹簧（图 5-11-10）。

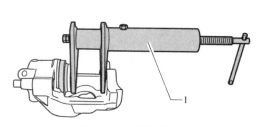

图 5-11-9　压回活塞

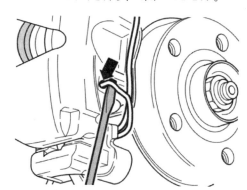

图 5-11-10　装入制动摩擦片固定弹簧

③ 使用车辆诊断测试器将活塞伸出后，还必须对制动系统进行基本设定。使用车辆诊断测试器对制动系统进行基本设定。安装车轮。

5.11.3　废旧制动器处理

固体石棉本身没有危险，只有当石棉在空气中传播被人吸入时才会产生危害。因此，在处理中可在制动器上喷洒清洁剂或水，使石棉被吸附。切勿使用压缩空气清洁制动器上的灰尘，即使不存在石棉，细微的制动器粉尘也会对健康造成危害。旧的制动蹄片和制动衬块应密封起来，最好是装在塑料袋内，以防止制动材料通过空气传播。

5.12　更换起动机

（1）拆卸起动机

① 在点火开关关闭的情况下，从蓄电池上断开接地线。旋出螺母 1，并取下接地线 2（图 5-12-1）。

② 脱开插头 4；撬出盖板 5；旋出螺母 6 并取下端子 30/B＋；旋出螺栓 1 和 2；向上取下起动机 3（图 5-12-2）。

（2）安装起动机

安装以倒序进行。起动机固定螺栓标准力矩：90N·m。

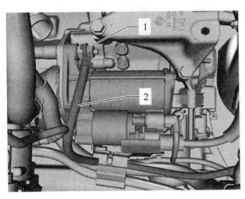

图 5-12-1　断开接地线

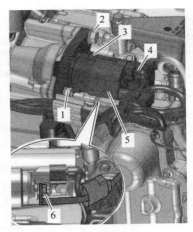

图 5-12-2　取下起动机

5.13　更换喷油器

以缸内直喷式喷油器为例。

5.13.1　拆卸喷油器

> 注意：喷油嘴只能在发动机冷机时拆卸。

① 从喷油嘴 1 上取下 O 形环 2（图 5-13-1）。脱开相关喷油嘴的电气连接插头。

② 用螺丝刀 2 从喷油嘴上撬下支撑环 1（图 5-13-2）。

③ 将冲击套筒 T10133/18 推到喷油嘴上方（图 5-13-3）。

④ 小心地在冲击套筒上敲击数下，以便松开喷油嘴（图 5-13-4）。

⑤ 在喷油嘴凹槽上安装拉拔器 T10133/19（图 5-13-5）。在拉拔器上安装拆卸工具 T10133/16A。通过拧入螺栓 1 拔出喷油嘴。

> 注意：用扭力扳手旋转螺栓 1 拔出喷油嘴。

图 5-13-1　喷油嘴

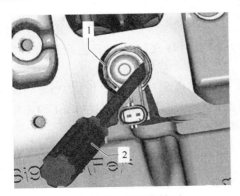

图 5-13-2　撬下支撑环

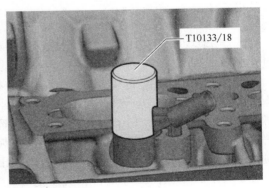

图 5-13-3　安装冲击套筒

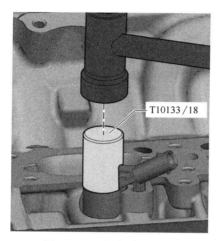

图 5-13-4　敲击冲击套筒

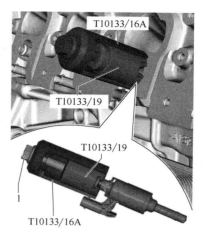

图 5-13-5　安装拉拔器

⑥ 在扭力扳手上设为 5N·m。如果达到极限力矩"5N·m"但喷油嘴仍未松开，则重新取下拉拔工具并从冲击套筒这一步开始松开喷油嘴。对每个喷油嘴重复该操作过程。

⑦ 取下进气歧管下部件的密封件。

5.13.2　安装喷油器

① 用尼龙气缸刷 T10133/4 清洁气缸盖的孔（图 5-13-6）。

② 重新安装喷油嘴时，用干净的抹布清洁燃烧室密封环凹槽和喷油嘴杆的燃烧残留物。

③ 在喷油嘴 2 上安装装配锥 T10133/5 和新的燃烧室密封环 1（图 5-13-7）。

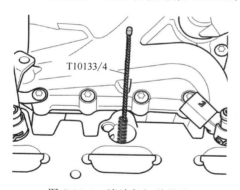

图 5-13-6　清洁气缸盖的孔

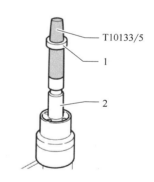

图 5-13-7　安装装配锥和密封环

④ 用装配套 T10133/6（滚花轮指向密封环 1）将密封环轻轻地推到装配锥 T10133/5 上（图 5-13-8）。

⑤ 旋转安装装配套 T10133/6，直至将燃烧室密封环推到密封环凹槽内（图 5-13-9）。转动装配套 T10133/6（滚花轮不再指向密封环），然后将带有燃烧室密封环的 T10133/5 对准喷油嘴。用装配套 T10133/6 继续将密封环推到密封环凹槽内。

⑥ 用校准套管 T10133/7 将其压至喷油嘴限位位置（旋转大约 180°）（图 5-13-10）。通过反向旋转校准套管 T10133/7 将其重新拔出。

⑦ 用校准套管 T10133/8 将其压至喷油嘴限位位置（旋转大约 180°）（图 5-13-11）。通过反向旋转校准套管 10133/8 将其重新拔出。

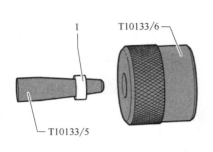

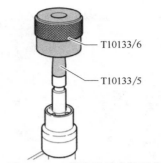

图 5-13-8　安装密封环

图 5-13-9　将密封环安装到位

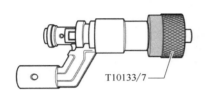

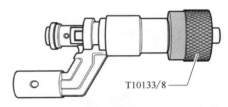

图 5-13-10　用校准套管 T10133/7 安装

图 5-13-11　用校准套管 T10133/8 安装

⑧ 用手将喷油嘴压至气缸盖（无机油且无油脂）孔的限位位置。注意气缸盖中喷油嘴的位置是否正确。

注意：喷油嘴必须稍微插入，必要时仍需等待，直至燃烧室密封环拧紧得足够牢固；气缸盖内喷油嘴的安装位置应正确。

⑨ 喷油嘴的电气接口必须卡入气缸盖的指定凹槽内。安装燃油分配器和进气歧管。连接车辆诊断测试仪并执行引导型功能"删除喷油嘴匹配值"。关闭点火开关。

5.14　更换正时皮带

以大众高尔夫 1.6L 发动机为例。

5.14.1　拆卸正时皮带

① 拆下空气导管。拆下曲轴箱通风装置。拆下冷却液泵齿形皮带护罩，拧出螺栓（箭头），取下密封盖 1（图 5-14-1）。

② 脱开支架上的软管 3；拧出螺栓 2；松开夹子（箭头），取下上部齿形皮带护罩 1（图 5-14-2）。排出冷却液。

③ 拧出螺栓 A～D 并将冷却液调节器盖板 1 压向一侧（图 5-14-3）。

④ 按以下步骤将曲轴转到"上止点"位置处。

a. 拆下第一缸的点火线圈。用火花塞扳手 3122B 拆下第一缸火花塞。将千分表适配接头 T10170N 旋入火花塞螺纹孔至限位位置。将带延

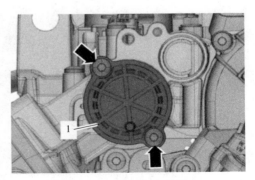

图 5-14-1　拆卸密封盖

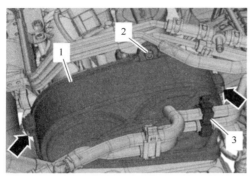

图 5-14-2　拆卸上部齿形皮带护罩

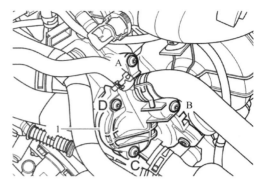

图 5-14-3　拧出螺栓

长件 T10170N/1 的千分表 VAS6341 插入千分表适配接头中，并拧紧锁止螺母。沿发动机运转方向转动曲轴，直到第一缸上止点，并记下千分表指针位置（图 5-14-4）。

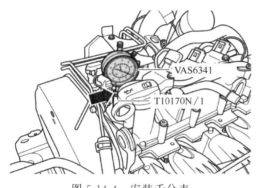

图 5-14-4　安装千分表

> **注意**：如果曲轴转动超过上止点 0.01mm，则将曲轴逆着发动机运转方向再转动约 45°。接着将曲轴朝发动机运转方向转动到气缸 1 上止点位置。

b. 气缸 1 上止点允许的偏差：±0.01mm。

c. 拧出气缸体上"上止点"孔的螺旋塞。将固定销 T10340 拧入气缸体中至限位位置，然后以 30N·m 的力矩拧紧（图 5-14-5）。沿发动机运转方向旋转曲轴至限位位置。紧固销此时位于曲柄臂上。

> **注意**：固定销 T10340 只能沿发动机运转方向锁定曲轴。

d. 拧出螺栓（箭头）并取下排气凸轮轴调节器上的盖板（图 5-14-6）。

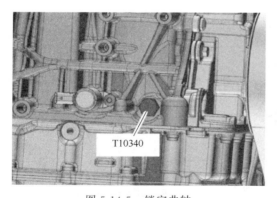

图 5-14-5　锁定曲轴

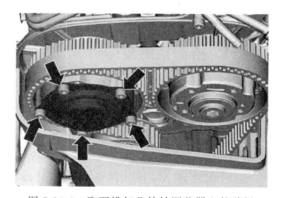

图 5-14-6　取下排气凸轮轴调节器上的盖板

对于排气和进气凸轮轴，变速箱侧不对称分布的凹槽（箭头）必须如图 5-14-7 所示位于上部。排气凸轮轴的凹槽（箭头）可以通过冷却液泵驱动轮的凹口够到。进气凸轮轴的凹槽（箭头）必须位于凸轮轴中心上方。

如果凸轮轴与上述情况不相符，拧出固定销 T10340 并继续旋转曲轴一周，使其再次位

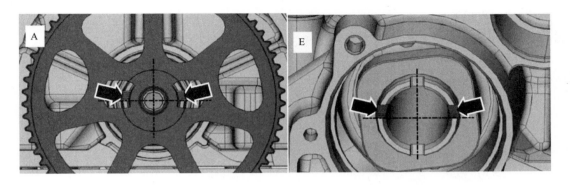

图 5-14-7　凸轮轴定位

A—排气凸轮轴；E—进气凸轮轴

于"上止点"位置。

⑤ 用安装工具 T10487 沿箭头方向按压齿形皮带（图 5-14-8）。

⑥ 同时将凸轮轴固定装置 T10494 压入凸轮轴直至限位位置，并用力拧紧螺栓（箭头）（图 5-14-9）。

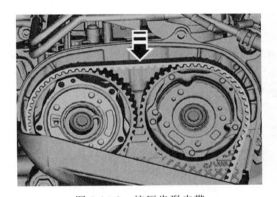

图 5-14-8　按压齿形皮带

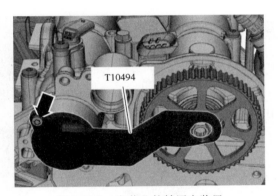

图 5-14-9　安装凸轮轴固定装置

⑦ 拆下皮带轮。拆下齿形皮带下部护罩。使用带转接头 T10172/1 的固定工具 T10172 拧出进气侧凸轮轴齿轮上的螺旋塞 1（图 5-14-10）。

⑧ 使用带转接头 T10172/1 的固定工具 T10172 将螺栓 1 和 2 松开大约一圈（图 5-14-11）。

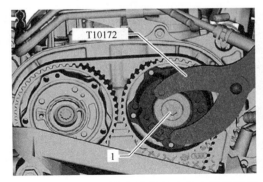

图 5-14-10　拧出进气侧凸轮轴齿轮上的螺旋塞

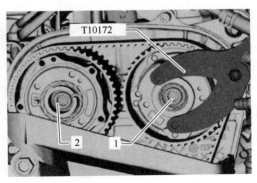

图 5-14-11　松开螺栓

⑨ 用扭力扳手接头 T10500 松开螺栓 1。用梅花扳手（T10499）（开口宽度 30mm）松开偏心轮 2，使张紧轮松开（图 5-14-12）。

⑩ 取下齿形皮带。取下曲轴齿形皮带轮 1（图 5-14-13）。

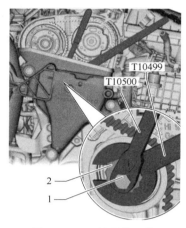

图 5-14-12　松开偏心轮

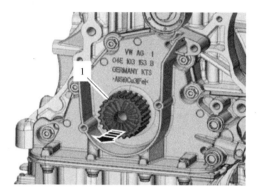

图 5-14-13　取下曲轴齿形皮带轮

5.14.2　安装正时皮带

① 检查并确认第 1 缸活塞在上止点。检查并确认已安装凸轮轴固定装置 T10494。检查并确认已安装固定销 T10340，将曲轴卡止在气缸 1 的活塞"上止点"处，使曲轴不能转动。

② 拧入新的凸轮轴齿轮的螺栓 1 和 2（图 5-14-14），但不要拧紧。凸轮轴齿轮必须可以在凸轮轴上摆动，但不得倾斜。

③ 张紧轮的钢板凸耳（箭头）必须嵌入气缸盖的铸造凹槽中（图 5-14-15）。

图 5-14-14　安装新的凸轮轴齿轮的螺栓

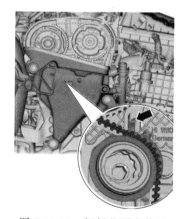

图 5-14-15　钢板凸耳安装置

④ 在曲轴上安装曲轴齿形皮带轮（图 5-14-16）。减振器和曲轴齿形皮带轮之间的接触面必须无机油且无油脂。曲轴齿形皮带轮的铣削面（箭头）必须与曲轴轴颈的铣削面对应。

⑤ 将齿形皮带按所做的标记置于曲轴齿形皮带轮上。

⑥ 安装齿形皮带下部护罩。安装皮带盘。

⑦ 安装齿形皮带时的顺序：向上拉齿形皮带，依次置于导向轮 1、张紧轮 2 以及排气凸

轮轴齿轮 3 和进气凸轮轴 4 上（图 5-14-17）。

图 5-14-16　安装曲轴齿形皮带轮

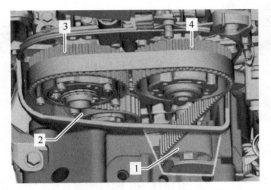

图 5-14-17　安装齿形皮带时的顺序

⑧ 用梅花扳手 T10499（开口宽度 30mm）沿箭头方向旋转偏心轮 2，直至调节指针 3 位于调节窗口右侧大约 10mm 处（图 5-14-18）。

⑨ 往回旋转偏心轮，使得调节指针准确地位于调节窗口中。让偏心轮保持在该位置并以 25N·m 的力矩拧紧螺栓 1，为此使用扭力扳手接头 T10500 以及扭力扳手 VAS6583。

⑩ 紧固凸轮轴齿轮螺栓，标准力矩：50N·m。拧出固定销 T10340。拆卸凸轮轴固定装置 T10494。

⑪ 检查正时：沿发动机运转方向将曲轴旋转 2 圈。检查凸轮轴和曲轴的"上止点"位置。

⑫ 安装固定销 T10340。如果可以插入凸轮轴固定装置 T10494，则表明正时正常。紧固凸轮轴齿轮螺栓，标准力矩：50N·m＋旋转 135°。

其他按拆卸的相反顺序安装。

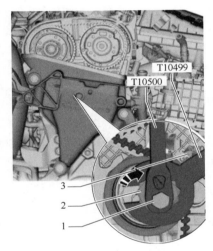

图 5-14-18　调节偏心轮

扫一扫

视频精讲

汽车发动机系统的绿色维修技术

6.1 发动机总成零部件的绿色更换

6.1.1 更换气缸垫

以大众高尔夫 1.4T 发动机为例。

（1）拆卸气缸垫

① 拆卸凸轮轴壳体。拆卸进气歧管。拔出机油低压开关 F378、燃油压力传感器 G247、喷油嘴连接插头。

② 拆卸螺栓，绑高尾气催化净化器。拆卸右侧传动轴的隔热板。

③ 拆卸涡轮增压器的机油供油管路和和机油回油管路。拔出冷却液温度传感器 G62 和增压压力调节器 V465 连接插头。拧出发动机支承的螺栓 1（图 6-1-1）。

④ 按照 1～10 的顺序松开气缸盖螺栓并拧出（图 6-1-2）。取下气缸盖并置于一块软垫上（泡沫塑料）。

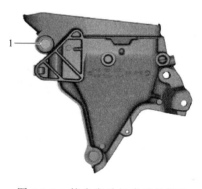

图 6-1-1　拧出发动机支承的螺栓

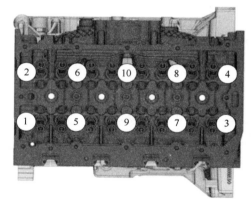

图 6-1-2　按顺序松开气缸盖螺栓

（2）安装气缸垫

注意： 安装翻新的气缸盖时，必须在安装凸轮轴壳体前先用机油润滑液压补偿元件、滚子摇臂和凸轮滑轨之间的接触面。更换气缸盖或气缸盖衬垫时必须更换所有冷却液和发动机机油。

① 安装气缸盖衬垫 1（图 6-1-3），注意气缸体内的定心销（箭头）。

② 安装气缸盖。装入气缸盖螺栓并用力拧紧。拧紧气缸盖的螺栓，按 1～10 的顺序紧固（图 6-1-4）。

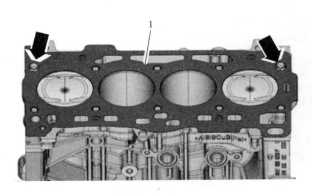

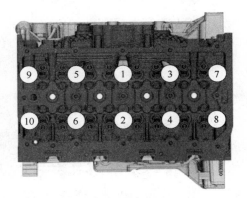

图 6-1-3　安装气缸盖衬垫

图 6-1-4　按顺序紧固气缸盖螺栓

第 1 步：紧固至 40N·m。
第 2 步：继续旋转 90°。
第 3 步：继续旋转 90°。
第 4 步：继续旋转 90°。

其他安装步骤大体以倒序进行，安装过程中必须注意下列事项：安装凸轮轴壳体；安装进气歧管；更换发动机机油；更换冷却液。

6.1.2　更换气门室盖

以日产轩逸为例。
（1）拆卸气门室盖
① 拆卸发动机盖。拆下进气歧管。拆卸点火线圈。

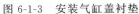
　　注意： 切勿掉落或碰撞点火线圈；切勿分解点火线圈。

② 拆下燃油管护板和燃油接头保护板。从摇臂盖上拆下 PCV 软管。必要时，拆下 PCV 阀。

③ 拆下摇臂盖。按照图 6-1-5 中 12～1 的顺序松开螺栓。

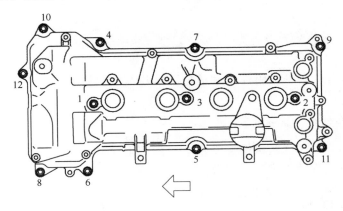

图 6-1-5　按顺序松开螺栓

④ 从摇臂盖上拆下摇臂盖密封垫。使用刮刀清除缸盖和前盖上的液态密封胶痕迹。

注意：清除液态密封胶时，切勿刮伤或损坏配合面。

（2）安装气门室盖

① 将垫片压入摇臂盖螺栓孔的凸台上以防摇臂盖掉落（图 6-1-6）。

注意：切勿重复使用 O 形圈。

② 在图 6-1-7 中所示的位置涂抹液态密封胶。

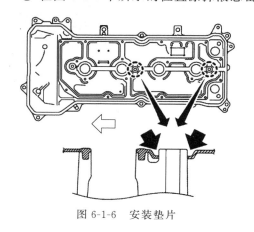

图 6-1-6　安装垫片

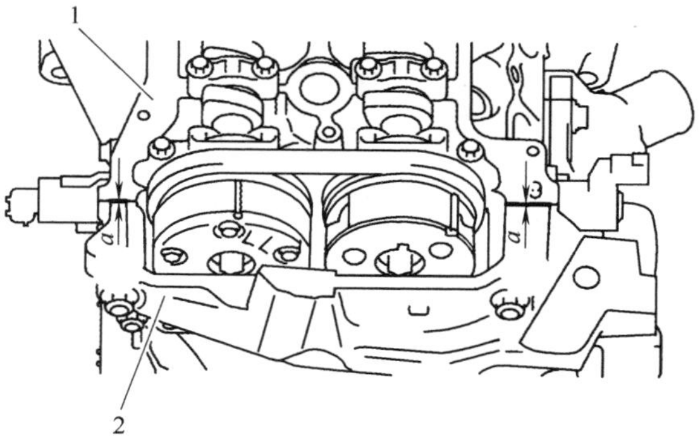

图 6-1-7　涂抹液态密封胶
1—缸盖；2—前盖；a—2.5～3.5mm

③ 将摇臂盖安装到缸盖上。按图 6-1-5 中 1～12 的顺序分两步分别拧紧螺栓，标准力矩：10N·m。

按照与拆卸相反的顺序安装剩余的零件。

6.1.3　更换气门油封

以日产轩逸为例。

（1）拆卸气门油封

① 拆卸凸轮轴。

② 拆卸气门挺柱。

③ 转动曲轴，并将准备拆卸气门油封的活塞设定到上止点，这样可以防止气门掉入气缸中。

注意：转动曲轴时，应避免正时链条碰损前盖。

④ 拆卸气门夹。

a. 用气门弹簧压缩器 A、附件 C 和适配器 B 压缩气门弹簧，使用磁性扳手拆下气门夹（图 6-1-8）。

注意：切勿损坏气门挺柱孔。

b. 将附件安装在气门弹簧保持架中央并压下（图 6-1-9）。

⑤ 拆下气门弹簧保持架和气门弹簧。

⑥ 使用气门油封拔具 A 拆下气门油封（图 6-1-10）。

（2）安装气门油封

① 在气门油封接合面和密封唇上涂抹新的发动机机油。

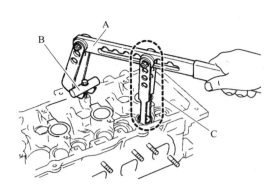

图 6-1-8　拆下气门夹

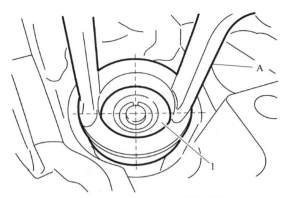

图 6-1-9　附件安装在气门弹簧保持架中央
1—气门弹簧保持架；A—附件

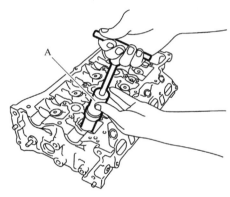

图 6-1-10　拆下气门油封

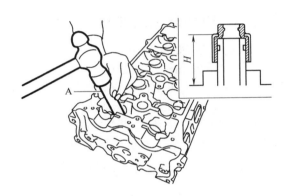

图 6-1-11　安装气门油封

② 使用气门油封冲头 A 将气门油封压入如图 6-1-11 所示高度（H），高度"H"：13.2～13.8mm。

③ 按照与拆卸相反的顺序安装剩余的零件。

6.1.4　更换曲轴前油封

以日产轩逸为例。

（1）拆卸曲轴前油封

① 拆下以下零件：前翼子板保护板（右侧）；正时皮带；曲轴皮带轮。

② 使用合适的工具拆卸前油封。

> **注意**：切勿损坏前盖和曲轴。

（2）安装曲轴前油封

① 在新的前气门油封接合面和密封唇上涂抹新的发动机机油。

② 安装前油封，使每个密封唇朝向如图 6-1-12 所示的方向。

a. 使用外径 50mm 和内径 44mm 的合适冲头压装前油封 1（图 6-1-13）。

> **注意**：小心不要损坏前盖和曲轴。

b. 将油封笔直压入配合以避免造成毛边或倾斜。

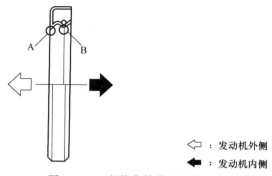

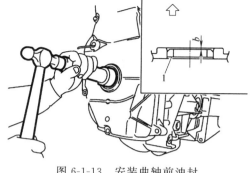

◁ ：发动机外侧
◀ ：发动机内侧

图 6-1-12　安装曲轴前油封的方向　　　　　　图 6-1-13　安装曲轴前油封
A—防尘封唇；B—油封唇　　　　　　　　　　　b—0～0.5mm

③ 按照与拆卸相反的顺序安装剩余的零件。

6.1.5　更换曲轴后油封

以日产轩逸为例。

（1）拆卸曲轴后油封

① 拆下变速驱动桥总成。

② 拆下离合器盖和离合器盘。

③ 拆下飞轮（M/T 车型）或驱动盘（CVT 车型）。

④ 使用合适的工具拆卸后油封。

注意：切勿损坏曲轴和缸体。

（2）安装曲轴后油封

① 轻轻地将液态密封胶涂抹到后油封整个外围区域。

② 安装后油封，使每个密封唇朝向如图 6-1-12 所示的方向。

a. 使用外径 113mm 和内径 90mm 的合适冲头 A 压装后油封（图 6-1-14）。

注意：切勿损坏曲轴和缸体；将油封笔直压入配合以避免造成毛边或倾斜；切勿触摸涂抹到油封唇上的润滑脂。

b. 将后油封 1 压入如图 6-1-15 所示的位置。

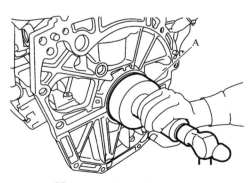

图 6-1-14　安装曲轴后油封

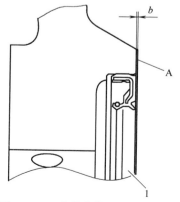

图 6-1-15　安装曲轴后油封的位置
A—缸体的后端面；b—0～1.5mm

③ 按照与拆卸相反的顺序安装剩余的零件。

6.1.6　更换凸轮轴油封

以大众高尔夫 1.6L 发动机进气侧凸轮轴油封为例。

（1）拆卸凸轮轴油封

① 拆卸正时皮带。

② 拆卸凸轮轴齿轮和导向管。

③ 用拉拔钩 T20143/1 拔出密封环 1（图 6-1-16）。

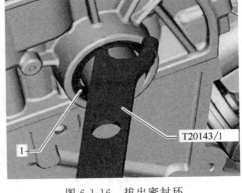

图 6-1-16　拔出密封环

（2）拆卸凸轮轴油封

① 沿箭头方向将安装套筒 T10478/3 推至导向套 T10478/2（图 6-1-17）。

② 将密封环 1 通过安装套筒 T10478/3 推到导向套 T10478/2 上（图 6-1-18）。安装位置：密封环的密封唇一侧指向安装套筒 T10478/3。

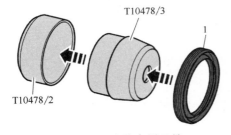

图 6-1-17　安装专用工具

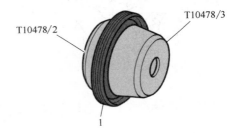

图 6-1-18　安装专用工具完成

③ 脱开安装套筒和导向套。在凸轮轴上安装导向套 T10478/2 和密封环 1（图 6-1-19）。

④ 用止推块 T10478/1 和凸轮轴齿轮螺栓 1 将密封环压入限位位置（图 6-1-20）。拧下凸轮轴齿轮螺栓 1，取下止推块 T10478/1 和导向套 T10478/2。

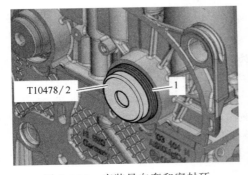

图 6-1-19　安装导向套和密封环

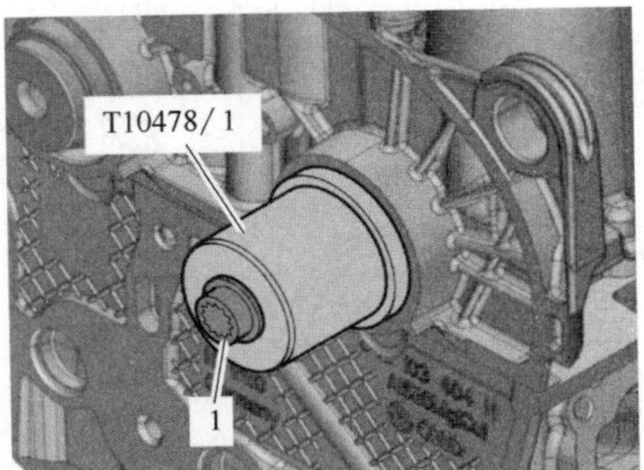

图 6-1-20　安装密封环

⑤ 安装正时皮带并调整正时。

6.1.7　更换活塞环

（1）拆卸活塞环

① 将对应于要拆下的连杆曲轴销定位在下止点。

② 拆下连杆盖。

③ 使用小锤或类似的工具，将活塞和连杆总成向缸盖侧推出（图 6-1-21）。

注意： 切勿损坏与连杆轴盖的配合面；切勿让连杆大端损坏缸壁和曲轴销。

④ 拆卸连杆轴承。

注意： 确定安装的位置，并将它们分开放置，不要弄混。

⑤ 从活塞上拆下活塞环。

使用活塞环扩张器 A 拆下活塞环（图 6-1-22）。

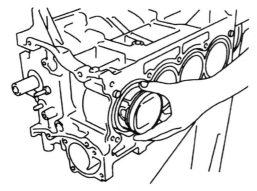

图 6-1-21　取出活塞连杆组

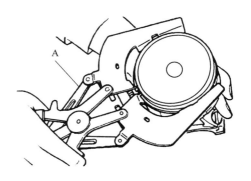

图 6-1-22　拆卸活塞环

注意： 拆卸活塞环时，切勿损坏活塞；切勿过度扩张，以免损坏活塞环。

（2）安装活塞环

① 使用活塞环扩张器安装活塞环。

注意： 切勿损坏活塞；切勿过度扩张，以免损坏活塞环。

a. 参考活塞前侧标记 B，如图 6-1-23 所示放置各活塞环开口。

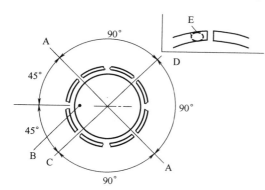

图 6-1-23　活塞环安装位置
A—油环上环或下环开口（任一个）；
C—第二道活塞环和油环间隔环开口；
D—第一道活塞环开口

b. 安装第一道环和第二道环，印记 E 朝上。压印记号：第一道环为 1R；第二道环为 2R。

② 将连杆轴承安装到连杆和连杆盖上。

a. 安装连杆轴承时，请在轴承表面上（内侧）涂抹新的发动机机油。勿将发动机机油涂抹在背面，应将背面彻底清洁干净。

b. 在中间位置安装连接杆轴承。检查连杆和连杆轴承上的油孔是否对齐。按如图 6-1-24 所示的尺寸安装连杆。

③ 将活塞和连杆总成安装到曲轴上。

a. 将对应于要安装的连杆的曲轴销定位在下止点。在缸壁、活塞和曲轴销上充分涂抹新的发动机机油。匹配气缸位置与连杆上的气缸编号进行安装。

b. 使用活塞环压缩器 A 或合适的工具，将活塞盖上的朝前标记朝向发动机前方来安装活塞（图 6-1-25）。

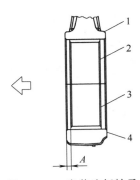

图 6-1-24　安装连杆轴承

1—连杆；2—连杆轴承（上）；3—连杆轴承（下）；
4—连杆盖；A—1.7～2.1mm

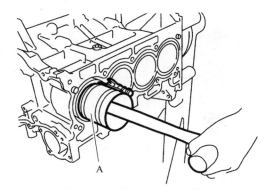

图 6-1-25　安装活塞连杆组

> **注意：**切勿损坏与连杆轴盖的配合面；切勿让连杆大端损坏缸壁和曲轴销。

④ 安装连杆盖。连杆与要安装的连杆盖上的压印气缸编号标记 C 应相互配合（图 6-1-26）。

a. 按以下步骤拧紧连杆螺栓。

第 1 步：在连杆螺栓的螺纹和底面上涂抹新的发动机机油。

第 2 步：分几步拧紧螺栓至 27.4N·m。

第 3 步：完全松开螺栓。

第 4 步：分几步拧紧螺栓至 19.6N·m。

第 5 步：将所有螺栓顺时针转动 60°。

b. 在拧紧连杆螺栓后，检查曲轴是否可顺畅转动。按拆卸相反的顺序安装其他零件。

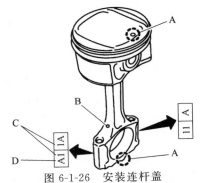

图 6-1-26　安装连杆盖

A—朝前标记；B—油孔；D—连杆大端级别

6.1.8　维修油底壳漏油

以大众高尔夫 1.6L 发动机为例。

（1）拆卸油底壳

① 拆卸发动机隔音垫。

② 拆卸多楔皮带。

③ 拔下空调压缩机插头 1（图 6-1-27）。

④ 拧出空调压缩机的固定螺栓，吊起空调压缩机，制冷剂管路仍然保持连接。

⑤ 按照图 6-1-28 中 19～1 的顺序松开螺栓并拧出。

⑥ 小心地将油底壳下部从粘接面上松开。

⑦ 取下防油挡板。

（2）清洁油底壳

① 在密封面上喷涂密封清除剂并让清除剂作用一段时间。

图 6-1-27　拆卸压缩机插头

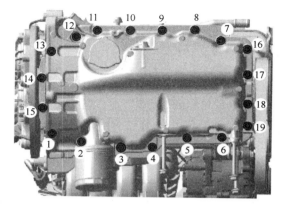

图 6-1-28　按照 19～1 的顺序松开螺栓

② 用平刮刀清除气缸体上的密封剂残余物。

③ 用可旋转的塑料刷来清除油底壳上的密封剂残留物（图 6-1-29）。

④ 清除密封面上的机油和油脂。

⑤ 将管状喷嘴从前部标记处切下（喷嘴直径约 3mm）（图 6-1-30）。注意密封剂的有效使用日期。

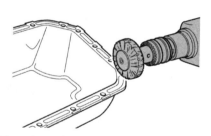

图 6-1-29　清除油底壳上的密封剂残留物

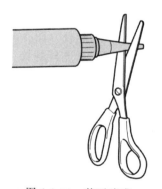

图 6-1-30　剪开喷嘴

⑥ 如图 6-1-31 所示，在油底壳干净的密封面上涂覆密封剂条（箭头）。密封剂条的厚度：2～3mm。

注意：密封剂过多可能导致润滑系统堵塞。涂覆的密封剂条的厚度不得超出规定，尤其在后部密封法兰区域涂覆密封剂条时要尤为小心。涂覆密封剂后，必须在 5min 内安装油底壳。

⑦ 检查定位销 2 是否固定在气缸体上（图 6-1-32）。

⑧ 将防油挡板 1 安装在气缸体上。

⑨ 安装油底壳并拧紧螺栓（图 6-1-27）。

第 1 步：按 1～19 的顺序拧紧。

第 2 步：按 1～19 的顺序紧固至 8N·m。

⑩ 装配油底壳后必须让密封剂干燥约 30min，然后才能加注发动机机油。

⑪ 加注发动机机油并检查机油油位。

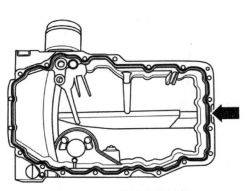

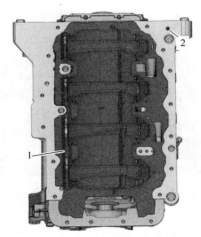

图 6-1-31　涂覆密封剂条

图 6-1-32　检查定位销

6.1.9　更换机油泵

以大众高尔夫 1.6L 发动机为例。

（1）拆卸机油泵

① 拆下多楔皮带张紧装置。

② 拆卸三相交流发电机。

③ 拆卸发动机隔音垫。

④ 拆卸正时齿形皮带。

⑤ 拆卸油底壳。

⑥ 拆卸正时齿形皮带轮。

⑦ 拆下螺栓（箭头），取下导向轮 1（图 6-1-33）。

扫一扫

视频精讲

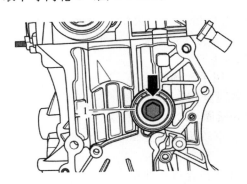

图 6-1-33　拆卸导向轮

⑧ 拧出螺栓 1~8，小心地将密封法兰/机油泵从黏结面上取下（图 6-1-34）。

（2）安装机油泵

① 清除气缸体和密封法兰/机油泵上的残余密封剂。

② 清洁密封面上的油脂。

③ 将密封剂管在标记处剪开（喷嘴直径约 3mm）。注意密封剂的有效使用日期。

④ 将密封垫 1 安装到气缸体的定位销（箭头）上（图 6-1-35）。

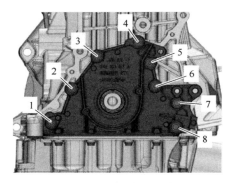

图 6-1-34　按顺序拧出螺栓

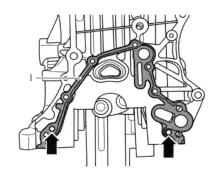

图 6-1-35　安装密封垫

⑤ 安装密封法兰/机油泵，使密封法兰/机油泵上的凹槽（箭头 A）与曲轴上的凸缘（箭头 B）对齐，并小心地安装到定位销上（图 6-1-36）。

注意：在安装机油泵之前，转动机油泵看其是否灵活。

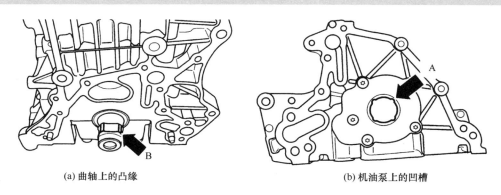

(a) 曲轴上的凸缘　　　　　　　　　　　(b) 机油泵上的凹槽

图 6-1-36　安装密封法兰/机油泵

⑥ 拧紧螺栓 1～8（图 6-1-34）。

第 1 步：按顺序 1～8，用手拧到底。

第 2 步：以交叉方式紧固至 8N·m。

第 3 步：将螺栓 7 和 8 紧固至 8N·m。

第 4 步：按顺序 1～8，继续旋转螺栓 90°。

⑦ 安装油底壳。

⑧ 加注发动机机油，接着检查机油油位。

6.2　发动机机械系统常见故障绿色诊断

（1）气缸盖、正时系统常见故障绿色诊断

① 气门机构异响检查流程如图 6-2-1 所示。

② 正时机构异响检查流程如图 6-2-2 所示。

（2）曲轴连杆机构常见故障绿色诊断

① 曲轴连杆机构异响检查流程如图 6-2-3 所示。

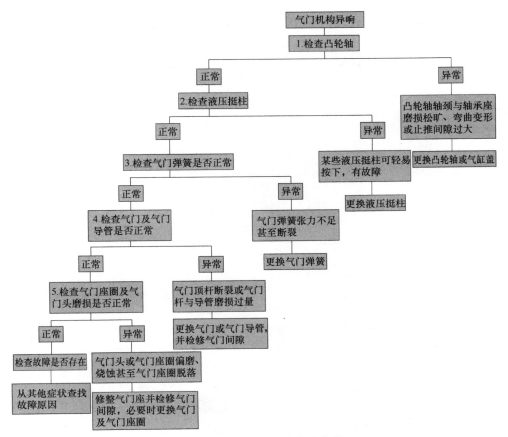

图 6-2-1　气门机构异响检查流程

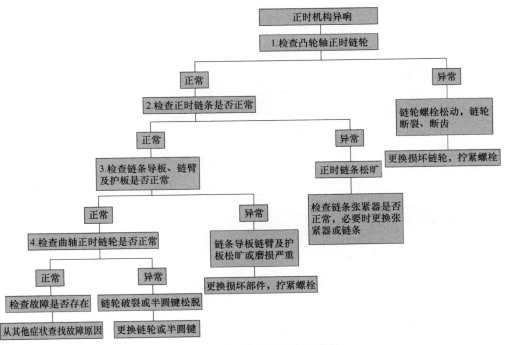

图 6-2-2　正时机构异响检查流程

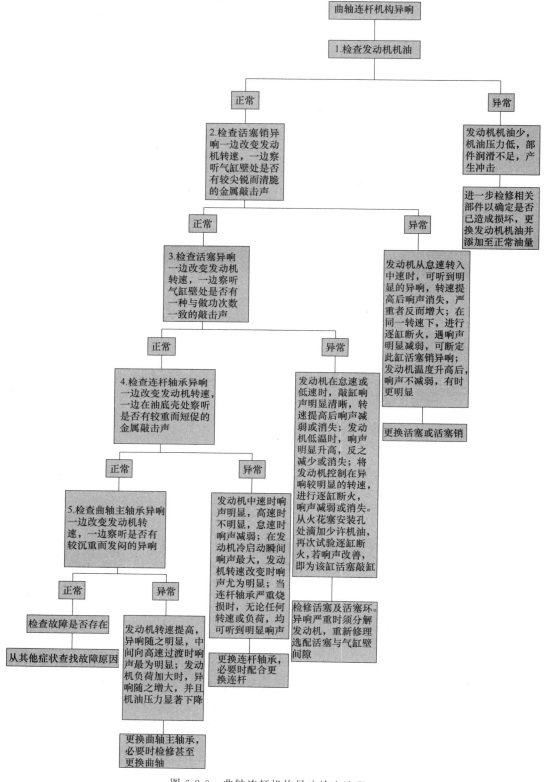

图 6-2-3 曲轴连杆机构异响检查流程

② 气缸压力过低检查流程如图 6-2-4 所示。

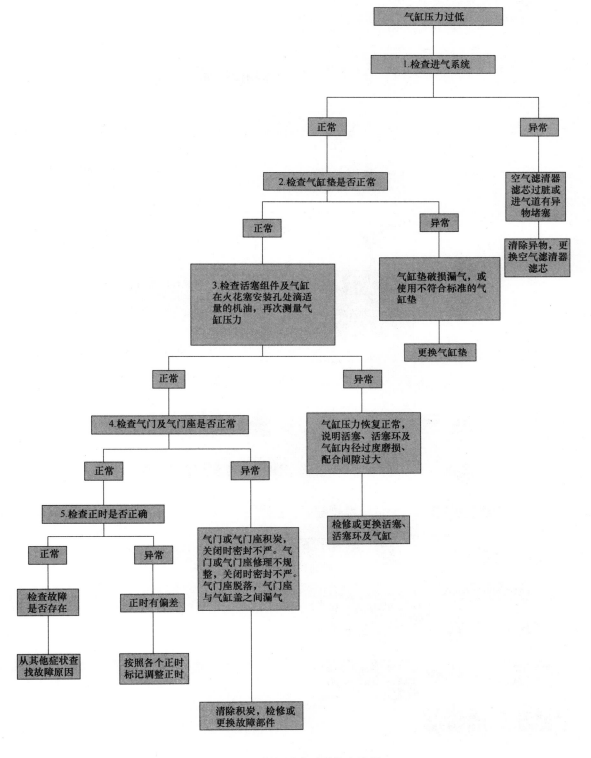

图 6-2-4 气缸压力过低检查流程

（3）进、排气系统常见故障绿色诊断

① 进气回火检查流程如图 6-2-5 所示。

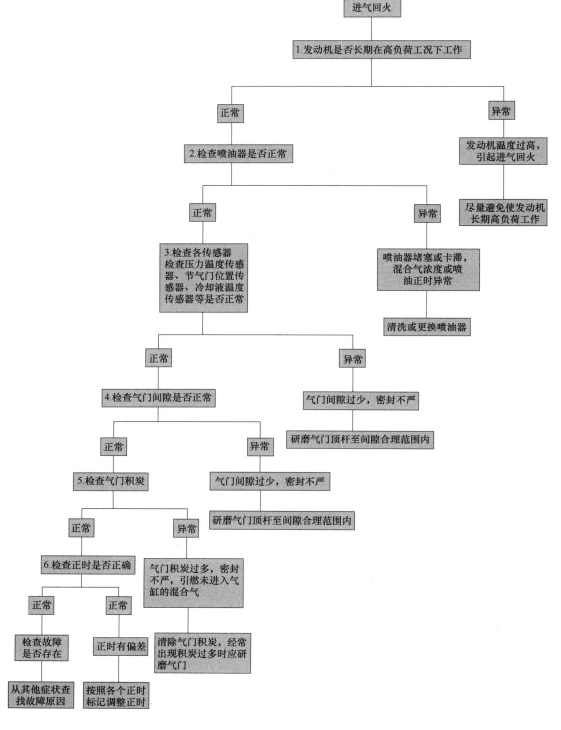

图 6-2-5　进气回火检查流程

② 排气异响检查流程如图 6-2-6 所示。

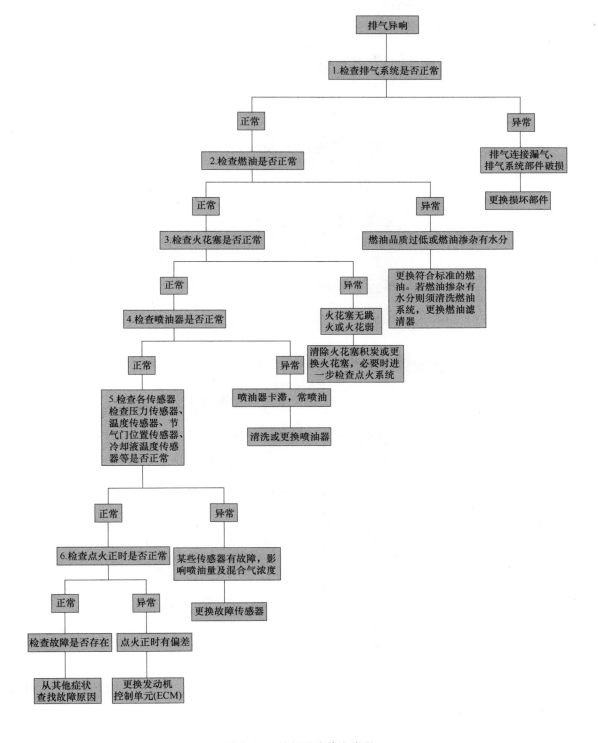

图 6-2-6　排气异响检查流程

（4）润滑系统常见故障绿色诊断

① 机油压力偏低检查流程如图 6-2-7 所示。

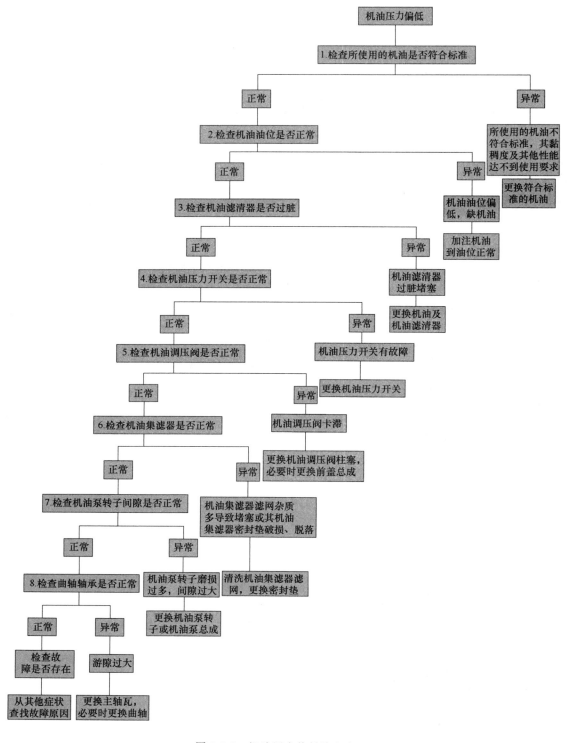

图 6-2-7　机油压力偏低检查流程

② 机油消耗异常检查流程如图 6-2-8 所示。

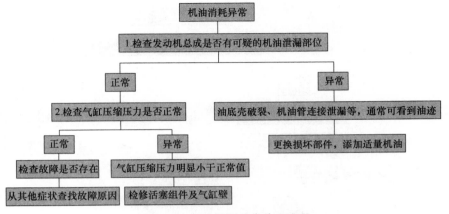

图 6-2-8　机油消耗异常检查流程

（5）冷却系统常见故障绿色诊断

① 发动机水温高检查流程如图 6-2-9 所示。

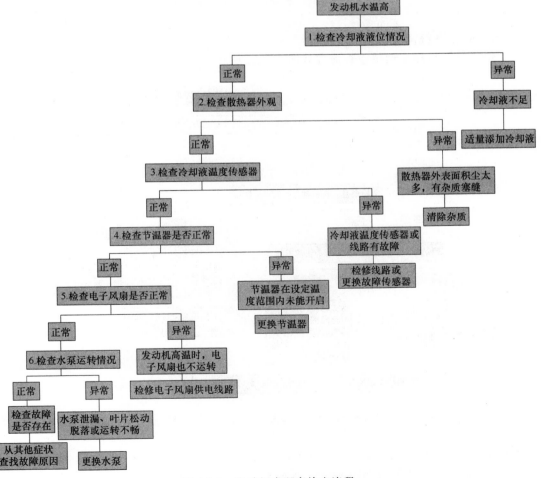

图 6-2-9　发动机水温高检查流程

② 发动机水温低检查流程如图 6-2-10 所示。

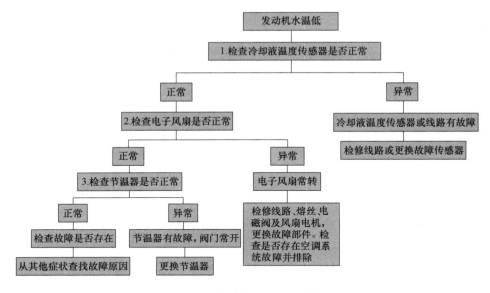

图 6-2-10 发动机水温低检查流程

（6）增压系统常见故障绿色诊断

① 增压器突然停止运转检查流程如图 6-2-11 所示。

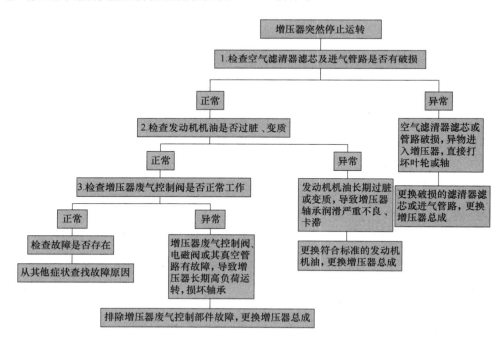

图 6-2-11 增压器突然停止运转检查流程

② 增压器运转异响检查流程如图 6-2-12 所示。

③ 增压器漏油检查流程如图 6-2-13 所示。

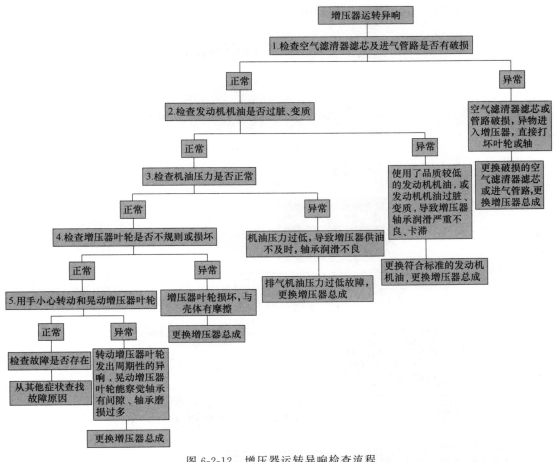

图 6-2-12　增压器运转异响检查流程

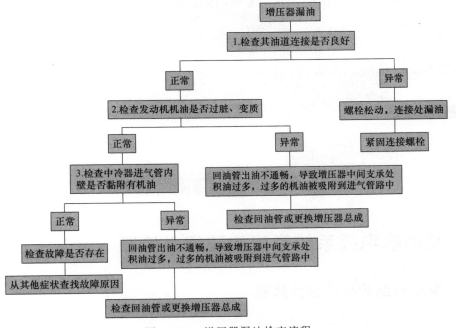

图 6-2-13　增压器漏油检查流程

④ 增压器增压效果降低检查流程如图 6-2-14 所示。

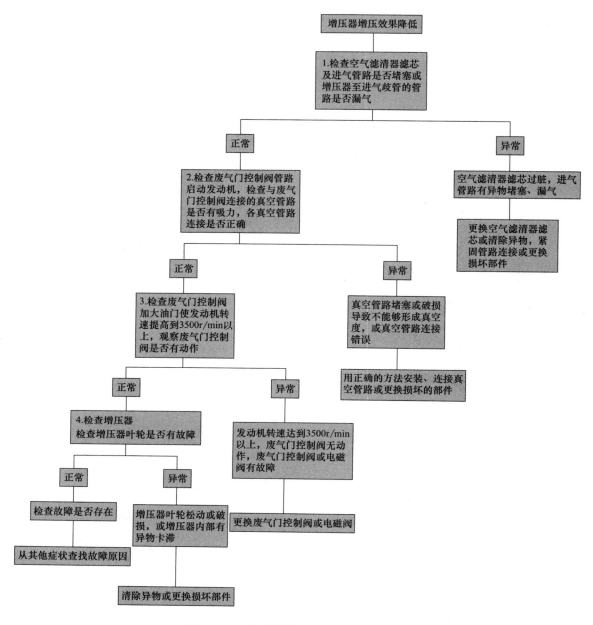

图 6-2-14 增压器增压效果降低检查流程

6.3 发动机电控系统常见故障绿色诊断

6.3.1 发动机综合故障绿色诊断

① 发动机启动异常检查流程如图 6-3-1 所示。

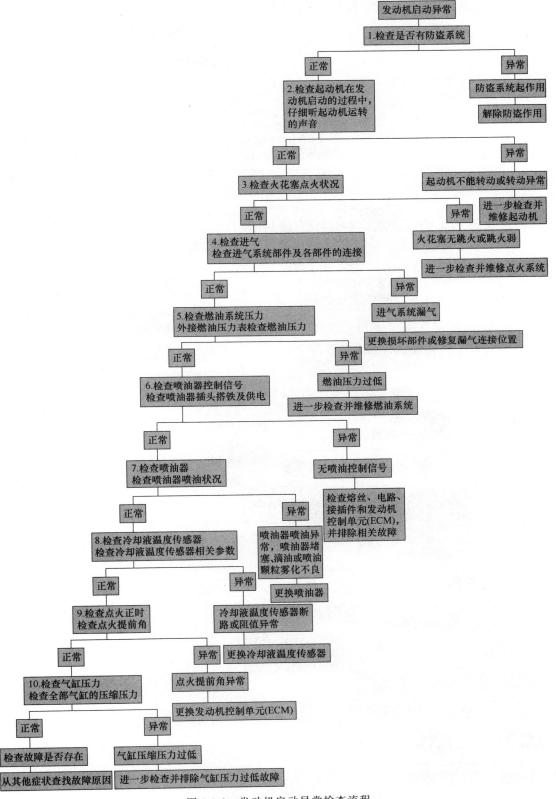

图 6-3-1　发动机启动异常检查流程

② 发动机怠速异常检查流程如图 6-3-2 所示。

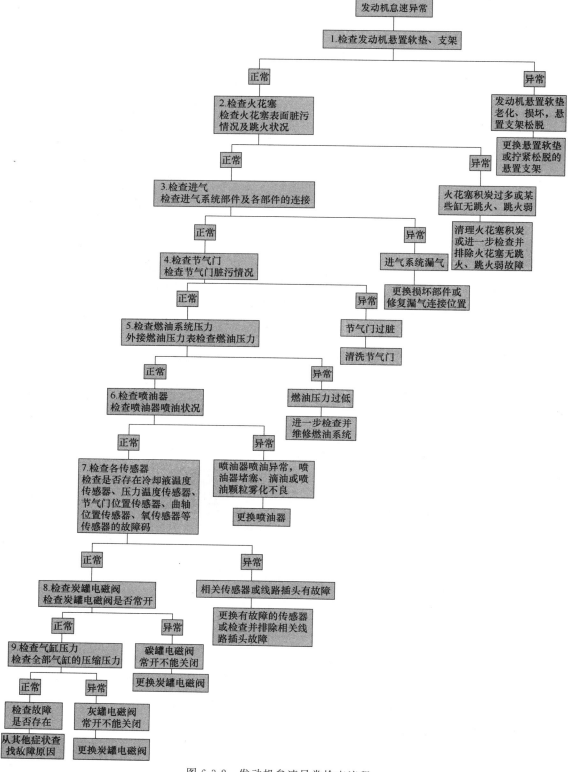

图 6-3-2　发动机怠速异常检查流程

③ 发动机加速不良、动力下降检查流程如图 6-3-3 所示。

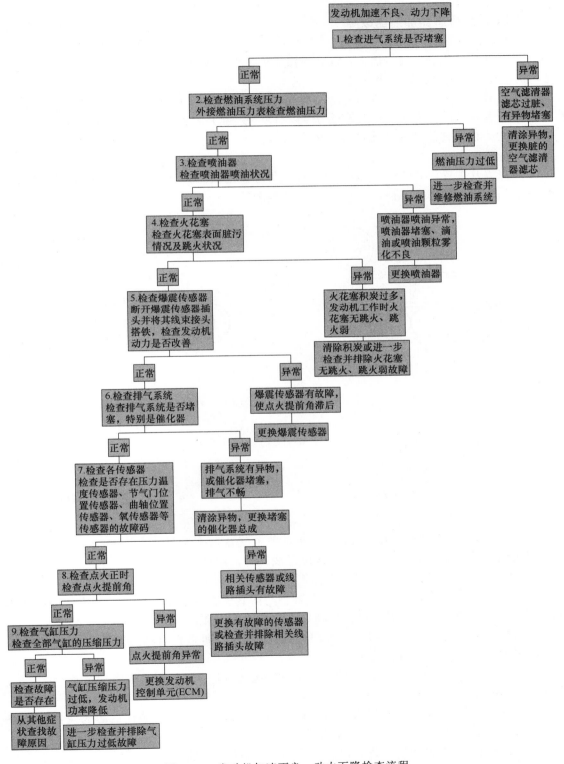

图 6-3-3　发动机加速不良、动力下降检查流程

6.3.2 发动机传感器故障绿色诊断

（1）前氧传感器加热器故障

诊断方法如下。

① 断开前氧传感器连接插头，检查连接插头是否有裂痕和异常，针脚是否腐蚀、生锈。是，清洁连接插头及针脚；否，进行第②步。

② 检查前舱电气盒前氧传感器熔丝是否正常。是，进行第③步；否，更换熔丝。

③ 测量前氧传感器"C"号端子与"D"号端子之间加热器的电阻值是否正常（图6-3-4）。前氧传感器加热元件标准电阻（21℃）：$(9.6 \pm 1.5)\Omega$。是，进行第④步；否，更换前氧传感器。

④ 点火开关置于"ON"状态，测量前氧传感器连接插头D针脚与车身接地是否有12V的电压（图6-3-5）。是，进行第⑥步；否，进行第⑤步。

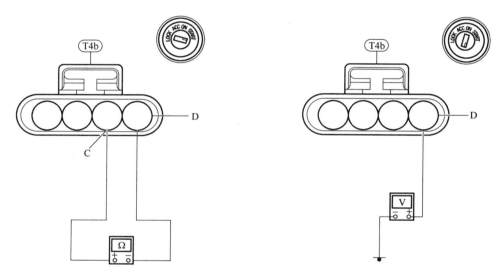

图6-3-4　检查前氧传感器电阻　　　　图6-3-5　检查前氧传感器电压

⑤ 点火开关置于"LOCK"状态，测量前舱电气盒插头D针脚与车身接地之间导线是否出现短路情况（图6-3-6）。是，维修故障导线；否，进行第⑥步。

⑥ 断开发动机控制单元T48a插头。

⑦ 测量发动机控制单元插头T48a/41针脚与前氧传感器连接插头C针脚之间导线是否出现断路情况（图6-3-7）。是，维修故障导线；否，进行第⑧步。

⑧ 测量前氧传感器连接插头C针脚与蓄电池正极之间是否出现短路情况（图6-3-8）。是，维修故障导线；否，进行第⑨步。

⑨ 测量前氧传感器连接插头C针脚与车身接地之间是否出现短路情况（图6-3-9）。是，维修故障导线；否，进行第⑩步。

⑩ 更换前氧传感器，进行路试；重新进行诊断，读取故障码，确认故障码及症状是否存在。是，更换前氧传感器；否，进行第⑪步。

⑪ 更换发动机控制单元，进行路试；重新进行诊断，读取故障码，确认故障码及症状是否存在。是，从其他症状查找原因；否，更换发动机控制单元。

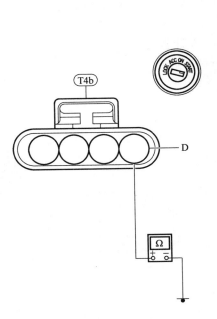

图 6-3-6　检查线路是否短路（一）

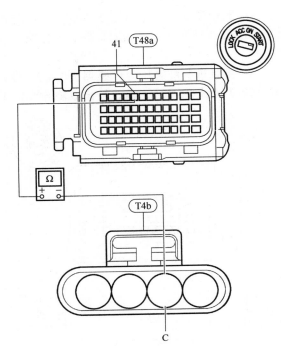

图 6-3-7　检查线路是否断路

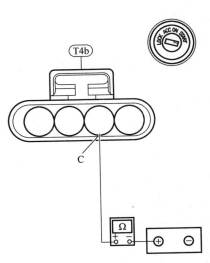

图 6-3-8　检查线路是否短路（二）

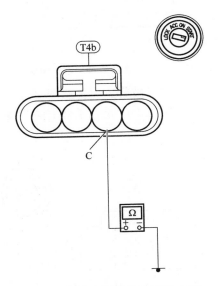

图 6-3-9　检查线路是否短路（三）

（2）进气压力传感器线路故障

诊断方法如下。

① 断开进气歧管压力传感器连接插头 T3m，检查 T3m 连接插头是否有裂痕和异常，针脚是否腐蚀、生锈。是，清洁连接插头及针脚；否，进行第②步。

② 拆卸进气歧管压力传感器，检查是否有油污。是，清洁进气歧管压力传感器；否，进行第③步。

③ 点火开关置于"LOCK"状态，断开发动机控制单元 T48a 插头。

④ 测量发动机控制单元 T48a/38 针脚与进气歧管压力传感器 T3m/1 针脚、T48a/43 针脚与 T3m/3 针脚之间是否有短路、断路情况（图 6-3-10）。是，维修故障导线；否，进行第⑤步。

⑤ 测量进气歧管压力传感器 T3m/1 针脚、T3m/3 针脚针脚与蓄电池正极之间是否有短路情况（图 6-3-11）。是，维修故障导线；否，进行第⑥步。

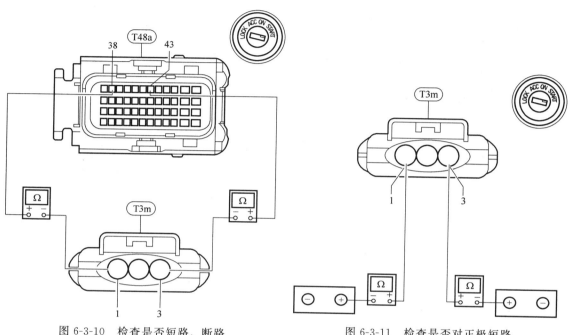

图 6-3-10　检查是否短路、断路　　　　图 6-3-11　检查是否对正极短路

⑥ 测量进气歧管压力传感器 T3m/1 针脚、T3m/3 针脚针脚与车身接地之间是否有短路情况（图 6-3-12）。是，维修故障导线；否，进行第⑦步。

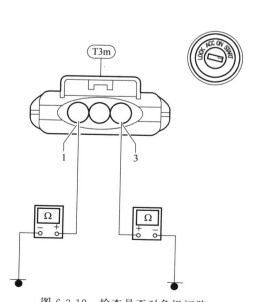
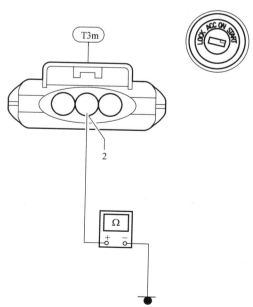

图 6-3-12　检查是否对负极短路　　　　图 6-3-13　检查是否对负极断路

⑦ 测量进气歧管压力传感器 T3m/2 针脚与车身接地之间是否有断路情况（图 6-3-13）。是，维修故障导线；否，进行第⑧步。

⑧ 更换已知良好的进气歧管压力传感器，进行路试；重新进行诊断，读取故障码，确认故障码及症状是否存在。是，进行第⑨步；否，进气歧管压力传感器损坏，更换进气歧管压力传感器。

⑨ 检查发动机控制单元供电电路与接地电路是否正常。是，进行第⑩步；否，维修故障导线。

⑩ 更换发动机控制单元，进行路试；重新进行诊断，读取故障码，确认故障码及症状是否存在。是，从其他症状查找原因；否，更换发动机控制单元。

（3）进气温度传感器线路低电压

诊断方法如下。

① 断开增压温度传感器连接插头 T4y，检查 T4y 连接插头是否有裂痕和异常，针脚是否腐蚀、生锈。是，清洁连接插头及针脚；否，进行第②步。

② 断开发动机控制单元 T48a 插头。

③ 测量发动机控制单元 T48a/18 针脚与增压温度传感器 T4y/2 针脚、T48a/39 针脚与 T4y/3 针脚、T48a/28 针脚与 T4y/4 针脚之间是否出现断路情况（图 6-3-14）。是，维修故障导线；否，进行第④步。

④ 测量增压温度传感器 T4y/2 针脚、T4y/3 针脚、T4y/4 针脚与蓄电池正极之间是否出现短路情况（图 6-3-15）。是，维修故障导线；否，进行第⑤步。

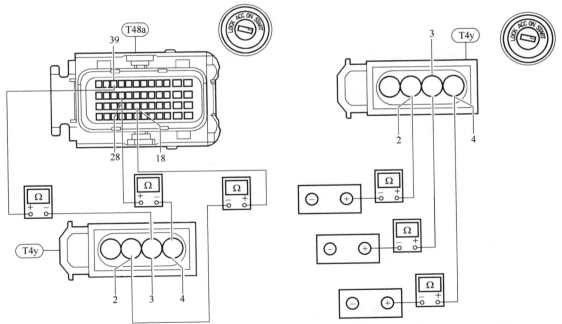

图 6-3-14　检查是否出现断路情况　　　图 6-3-15　检查是否对正极短路

⑤ 测量增压温度传感器 T4y/2 针脚、T4y/3 针脚、T4y/4 针脚与车身接地之间是否出现导通情况（图 6-3-16）。是，维修故障导线；否，进行第⑥步。

⑥ 测量增压温度传感器 T4y/1 针脚与车身接地之间是否出现断路情况（图 6-3-17）。是，维修故障导线；否，进行第⑦步。

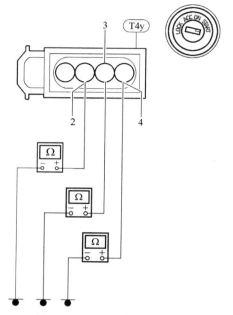

图 6-3-16　检查线路导通情况

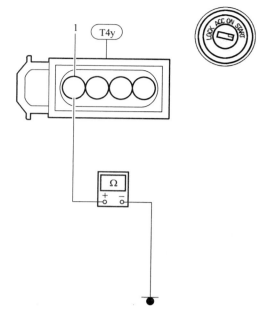

图 6-3-17　检查线路是否断路（一）

⑦ 更换已知良好的增压温度传感器，进行路试；重新进行诊断，读取故障码，确认故障码及症状是否存在。是，进行第⑧步；否，更换增压温度传感器。

⑧ 检查发动机控制单元供电电路与接地电路是否正常。是，进行第⑨步；否，维修故障导线。

⑨ 更换发动机控制单元，进行路试；重新进行诊断，读取故障码，确认故障码及症状是否存在。是，从其他症状查找原因；否，更换发动机控制单元。

（4）冷却液温度传感器线路故障

诊断流程如下。

① 断开冷却液温度传感器连接插头 T2bg，检查 T2bg 连接插头是否有裂痕和异常，针脚是否腐蚀、生锈。是，清洁连接插头及针脚；否，进行第②步。

② 拆卸冷却液传感器，使用万用表测量冷却液温度传感器 T2bg/1 针脚与 T2bg/2 针脚之间的阻值是否正常（图 6-3-18）。冷却液温度传感器标准电阻（20℃）：（2500±125）Ω。是，进行第③步。否，更换冷却液温度传感器。

③ 断开发动机控制单元插头 T48a 插头。

④ 测量发动机控制单元插头 T48a/20 针脚与冷却液传感器插头 T2bg/1 针脚之间导线是否出现断路情况（图 6-3-19）。是，维修故障导线；否，进行第⑤步。

⑤ 测量冷却液传感器插头 T2bg/1、T2bg/2 针脚与蓄电池正极之间导线是否出现短路情况（图 6-3-20）。是，维修故障导线；否，进行第⑥步。

⑥ 测量冷却液传感器插头 T2bg/1、T2bg/2 针脚与车身接地之间导线是否出现短路情况（图 6-3-21）。是，维修故障导线；否，进行第⑦步。

⑦ 检查发动机控制单元供电电路与接地电路是否正常。是，进行第⑧步；否，维修故障导线。

⑧ 更换发动机控制单元，进行路试；重新进行诊断，读取故障码，确认故障码及症状是否存在。是，从其他症状查找原因；否，更换发动机控制单元。

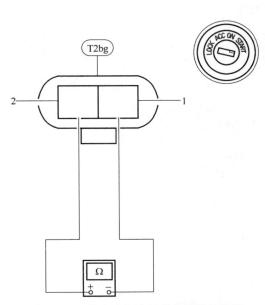

图 6-3-18　检查冷却液温度传感器的阻值

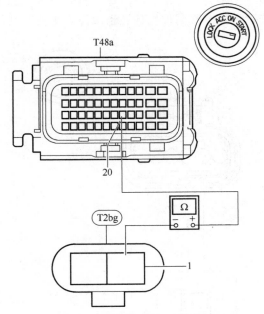

图 6-3-19　检查线路是否断路（二）

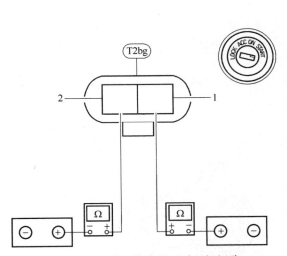

图 6-3-20　检查线路是否对正极短路

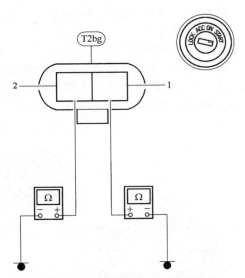

图 6-3-21　检查线路是否对负极短路

（5）电子节气门位置传感器故障

诊断流程如下。

① 断开节气门控制器连接插头 T6h，检查 T6h 连接插头是否有裂痕和异常，针脚是否腐蚀、生锈。是，清洁连接插头及针脚；否，进行第②步。

② 测量节气门位置传感器插头 T6h/4 针脚与 T6h/5 针脚之间是否导通（图 6-3-22）。是，进行第③步；否，节气门位置传感器故障，更换节气门控制器。

③ 拆卸电子节气门总成。

④ 手动扳动节气门翻板，测量节气门位置传感器插头 T6h/3 针脚与 T6h/4 针脚之间关

闭、完全打开、从关闭到完全打开三种状态下的阻值是否变化（图 6-3-23）。是，进行第⑤步；否，节气门位置传感器故障，更换节气门控制器。

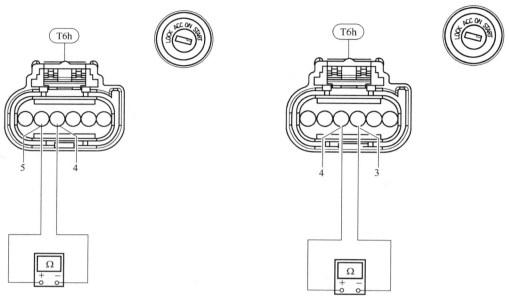

图 6-3-22　检查节气门位置传感器（一）　　　　图 6-3-23　检查节气门位置传感器（二）

⑤ 手动扳动节气门翻板，测量节气门位置传感器插头 T6h/6 针脚与 T6h/4 针脚之间关闭、完全打开、从关闭到完全打开三种状态下的阻值是否变化（图 6-3-24）。是，进行第⑥步；否，节气门位置传感器故障，更换节气门控制器。

⑥ 测量节气门位置传感器插头 T6h/1 针脚与 T6h/2 针脚之间是否导通（图 6-3-25）。是，

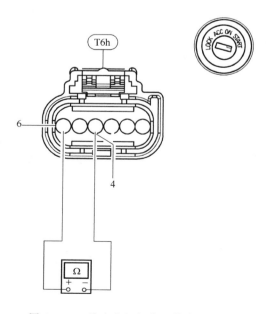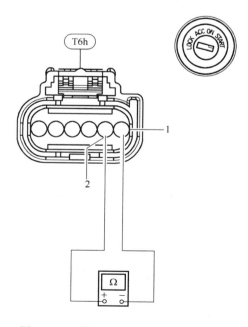

图 6-3-24　检查节气门位置传感器（三）　　　　图 6-3-25　检查节气门位置传感器（四）

进行第⑦步；否，节气门位置驱动电机故障，更换节气门控制器。

⑦ 断开发动机控制单元插头 T48a。

⑧ 测量发动机控制单元插头 T48a/23 针脚与节气门位置传感器插头 T6h/1 针脚、T48a/24 针脚与 T6h/2 针脚之间导线是否出现断路情况（图 6-3-26）。是，维修故障导线；否，进行第⑨步。

⑨ 测量节气门位置传感器插头 T6h/1 针脚、T6h/2 针脚与车身接地之间导线是否出现短路情况（图 6-3-27）。是，维修故障导线；否，进行第⑩步。

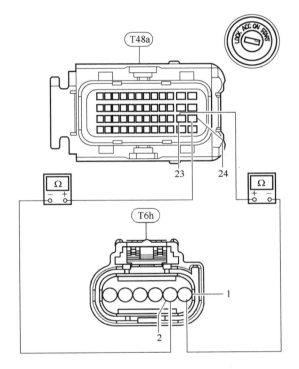

图 6-3-26　检查线路是否导通

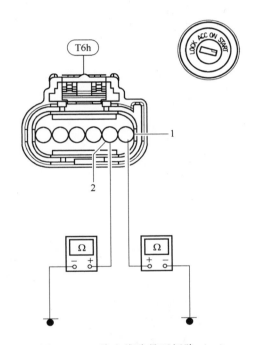

图 6-3-27　检查线路是否短路（一）

⑩ 测量节气门位置传感器插头 T6h/1 针脚、T6h/2 针脚与蓄电池正极之间导线是否出现短路情况（图 6-3-28）。是，维修故障导线；否，进行第⑪步。

⑪ 测量发动机控制单元插头 T48a/16 针脚与节气门位置传感器插头 T6h/3 针脚、T48a/14 针脚与 T6h/6 针脚之间导线是否出现断路情况（图 6-3-29）。是，维修故障导线；否，进行第⑫步。

⑫ 测量节气门位置传感器插头 T6h/3 针脚、T6h/6 针脚与车身接地之间导线是否出现短路情况（图 6-3-30）。是，维修故障导线；否，进行第⑬步。

⑬ 测量节气门位置传感器插头 T6h/3 针脚、T6h/6 针脚与蓄电池正极之间导线是否出现短路情况（图 6-3-31）。是，维修故障导线；否，进行第⑭步。

⑭ 检查发动机控制单元供电电路与接地电路是否正常。是，进行第⑮步；否，维修故障导线。

⑮ 更换发动机控制单元，进行路试；重新进行诊断，读取故障码，确认故障码及症状是否存在。是，从其他症状查找原因；否，更换发动机控制单元。

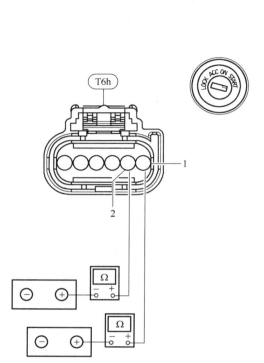

图 6-3-28 检查线路是否短路（二）

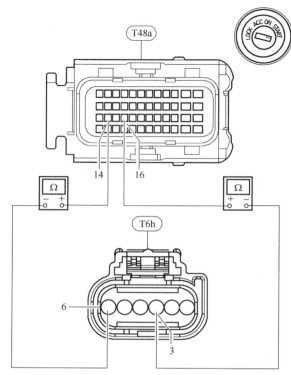

图 6-3-29 检查线路是否断路

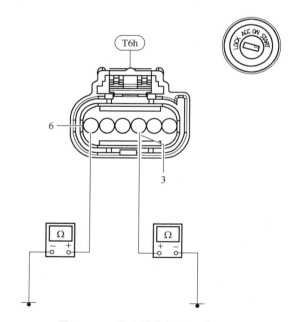

图 6-3-30 检查线路是否短路（三）

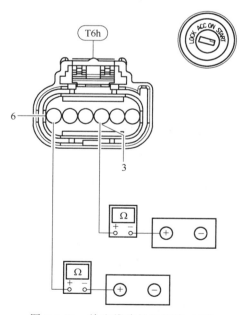

图 6-3-31 检查线路是否短路（四）

（6）燃油系统混合气过稀或过浓

诊断流程如下。

① 连接诊断仪，启动发动机，检查进气歧管压力传感数据流是否正常。是，进行第②步；否，维修进气歧管压力传感故障。

② 发动机怠速运转，检查电子节气门位置传感器数据流是否正常。是，进行第③步；否，维修电子节气门位置传感器故障。

③ 发动机怠速运转，检查前氧传感器数据流是否正常。是，进行第④步；否，维修前氧传感器数据流故障。

④ 测试燃油系统压力，检查燃油压力是否正常。是，进行第⑤步；否，维修燃油系统故障。

⑤ 检查燃油污染情况。

⑥ 检查真空软管开裂、扭结或连接情况。

⑦ 检查进气歧管、节气门体和喷油器真空泄漏情况。

⑧ 检查进气管塌陷或阻塞情况。

⑨ 检查蒸发排放控制系统工作情况。是，维修故障部分；否，进行第⑩步。

⑩ 检查发动机控制单元供电电路与接地电路是否正常。是，进行第⑪步；否，维修故障导线。

⑪ 更换发动机控制单元，进行路试；重新进行诊断，读取故障码，确认故障码及症状是否存在。是，从其他症状查找原因；否，更换发动机控制单元。

（7）单缸或多缸失火

诊断流程如下。

① 检查进气系统是否漏气。是，维修漏气故障；否，进行第②步。

② 检查制动真空助力器真空管是否漏气。是，维修漏气故障；否，进行第③步。

③ 检查曲轴箱强制通风阀、通风管是否漏气。是，维修漏气故障；否，进行第④步。

④ 检查缺火气缸的压缩压力是否正常。是，进行第⑤步；否，维修故障。

⑤ 检查燃油压力是否正常。是，进行第⑥步；否，维修故障。

⑥ 检查喷油器是否正常。是，进行第⑦步；否，喷油器故障，更换喷油器。

⑦ 检查火花塞是否正常。是，进行第⑧步；否，火花塞故障，更换火花塞。

⑧ 检查点火线圈是否正常。是，进行第⑨步；否，点火线圈故障，更换点火线圈。

⑨ 检查发动机控制单元供电电路与接地电路是否正常。是，进行第⑩步；否，维修故障导线。

⑩ 更换发动机控制单元，重新进行测试，读取故障码，检查故障码是否存在。是，从其他症状查找故障原因；否，更换发动机控制单元。

（8）爆震控制系统故障

诊断流程如下。

① 检查爆震传感器插头固定是否正确。是，进行第②步；否，重新固定爆震传感器插头。

② 检查爆震传感器固定螺栓型号、力矩是否正确。是，进行第③步；否，更换螺栓，并按照规定力矩拧紧爆震传感器。

③ 断开爆震传感器插头 T2bj，把数字式万用表打到欧姆挡，两表笔分别接传感器部件端插头 T2bj/1、T2bj/2 针脚，常温下（20～30℃）其阻值应大于 $1M\Omega$（图 6-3-32）。是，进行第④步；否，传感器故障，更换爆震传感器。

④ 点火开关置于"LOCK"状态，断开发动机控制单元插头 T48a。

⑤ 测量爆震传感器插头 T2bj/1 针脚至发动机控制单元插头 T48a/25 针脚、T2bj/2 针脚至 T48a/37 针脚之间是否出现断路情况（图 6-3-33）。是，进行第⑥步；否，维修故障导线。

⑥ 测量爆震传感器插头 T2bj/1 针脚、T2bj/2 针脚至车身接地之间是否导通（图 6-3-34）。是，进行第⑦步；否，维修故障导线。

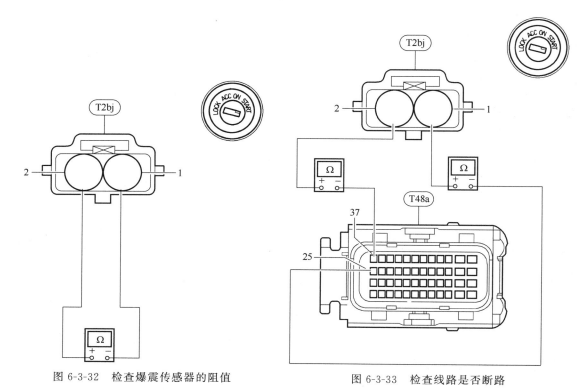

图 6-3-32　检查爆震传感器的阻值

图 6-3-33　检查线路是否断路

⑦ 测量爆震传感器插头 T2bj/1 针脚、T2bj/2 针脚至蓄电池正极之间是否导通（图 6-3-35）。是，进行第⑧步；否，维修故障导线。

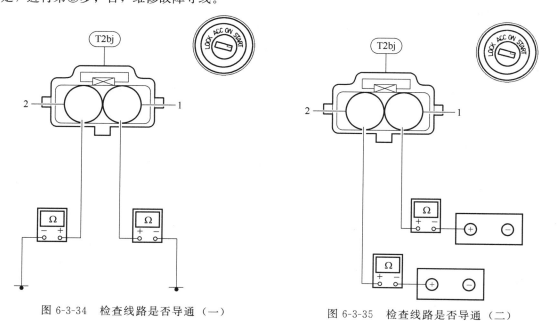

图 6-3-34　检查线路是否导通（一）

图 6-3-35　检查线路是否导通（二）

⑧ 检查发动机控制单元供电和接地线路是否正常。是，进行第⑨步；否，维修故障导线。

⑨ 更换发动机控制单元，重新进行路试，读取故障码，检查故障码是否存在。是，从其他方面查找故障原因；否，更换发动机控制单元。

（9）曲轴位置传感器线路故障

诊断流程如下。

① 拆卸曲轴位置传感器，检查曲轴位置传感器是否吸附铁屑或损坏。是，传感器故障，更换或清洁曲轴位置传感器；否，进行第②步。

② 断开曲轴位置传感器插头 T31。

③ 测量曲轴位置传感器插头 T31/＋针脚与 T31/L 针脚之间阻值是否正常 （图 6-3-36）。是，进行第④步；否，更换曲轴位置传感器。曲轴位置传感器线圈标准电阻［（25±5）℃］：（1000±100）Ω。

④ 断开发动机控制单元插头 T48a。

⑤ 测量发动机控制单元插头 T48a/38 针脚与曲轴位置传感器插头 T31/＋针脚、T48a/33 针脚与 T31/L 针脚、T48a/46 针脚与 T31/－针脚之间导线是否出现断路情况 （图 6-3-37）。是，维修导线故障；否，进行第⑥步。

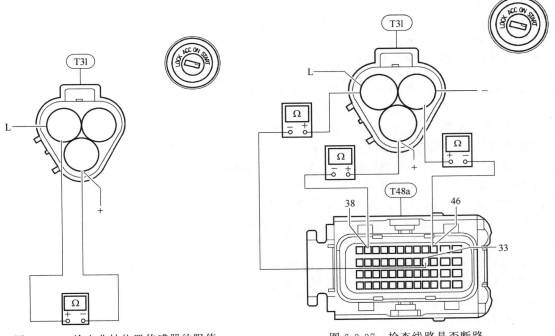

图 6-3-36　检查曲轴位置传感器的阻值　　　　图 6-3-37　检查线路是否断路

⑥ 测量曲轴位置传感器插头 T31/＋针脚、T31/L 针脚、T31/－针脚与车身接地之间导线是否出现短路情况 （图 6-3-38）。是，维修导线故障；否，进行第⑦步。

⑦ 点火开关位于“ON”位置，测量曲轴位置传感器插头 T31/＋针脚、T31/L 针脚、T31/－针脚与车身接地之间电压值，检查导线是否对电源电路出现短路情况 （图 6-3-39）。是，维修导线故障；否，进行第⑧步。

⑧ 检查发动机控制单元供电和接地线路是否正常。是，进行第⑨步；否，维修故障导线。

⑨ 更换发动机控制单元，重新进行路试，读取故障码，检查故障码是否存在。是，从其他方面查找故障原因；否，更换发动机控制单元。

（10）催化转化器转化效率低

诊断流程如下。

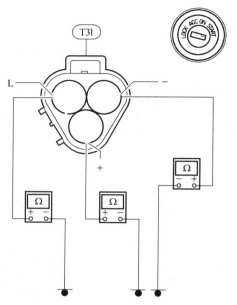

图 6-3-38 检查线路是否短路

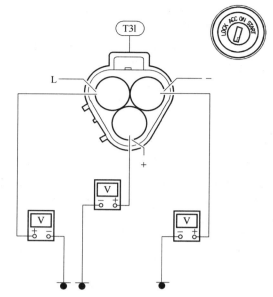

图 6-3-39 检查导线是否对电源电路出现短路

① 检查排气歧管、催化器是否漏气。是，维修排气歧管、催化器漏气故障；否，进行第②步。

② 检查三元催化器是否在规定时间内未进行更换、是否超出正常使用时间。是，更换三元催化器；否，进行第③步。

③ 连接诊断仪，发动机怠速运转，检查前氧传感器数据流是否正常。是，进行第④步；否，维修前氧传感器数据流故障。

④ 检查后氧传感器数据流是否正常。是，进行第⑤步；否，维修后氧传感器数据流故障。

⑤ 更换新的三元催化器进行测试，读取故障码，检查故障码是否存在。是，进行第⑥步；否，更换三元催化器。

⑥ 更换发动机控制单元，重新进行测试，读取故障码，检查故障码是否存在。是，从其他症状查找故障原因；否，更换发动机控制单元。

（11）发动机强制怠速

诊断流程如下。

① 拆卸电子节气门体。

② 检查电子节气门体总成是否有积炭。是，对电子节气门体进行清洁；否，进行第③步。

③ 用手拨动电子节气门体阀片，检查电子节气门体阀片是否转动顺畅。是，进行第④步；否，更换节气门总成。

④ 安装节气门体总成。

⑤ 进行曲轴位置传感器目标轮齿误差学习后，连接诊断仪，确认故障码是否再次出现。是，进行第⑥步；否，故障排除。

⑥ 检查发动机控制单元供电和接地线路是否正常。是，进行第⑦步；否，维修故障导线。

⑦ 更换发动机控制单元，进行路试；重新进行诊断，读取故障码，确认故障码及症状是否存在。是，从其他症状查找原因；否，更换发动机控制单元。

（12）电子油门踏板位置传感器故障

诊断流程如下。

① 断开油门踏板位置传感器插头 T6r，检查连接插头是否有裂痕和异常，针脚是否腐蚀、生锈。是，清洁连接插头及针脚；否，进行第②步。

② 断开发动机控制单元插头 T64a。

③ 测量油门踏板位置传感器插头 T6r/2 针脚与发动机控制单元插头 T64a/51 针脚、T6r/3 针脚与 T64a/35 针脚、T6r/4 针脚与 T64a/50 针脚之间是否出现断路情况（图 6-3-40）。是，维修故障导线；否，进行第④步。

④ 测量油门踏板位置传感器插头 T6r/1 针脚与发动机控制单元插头 T64a/37 针脚、T6r/5 针脚与 T64a/61 针脚、T6r/6 针脚与 T64a/49 针脚之间是否出现短路、断路情况（图 6-3-41）。是，维修故障导线；否，进行第⑤步。

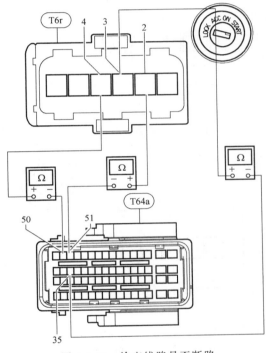

图 6-3-40　检查线路是否断路

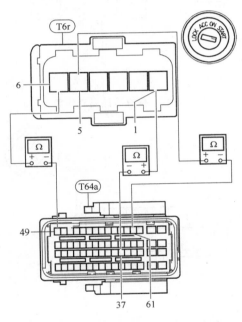

图 6-3-41　检查线路是否断路、短路

⑤ 测量油门踏板位置传感器插头 T6r/1 针脚、T6r/5 针脚、T6r/6 针脚与车身接地之间导线是否出现短路现象（图 6-3-42）。是，维修故障导线；否，进行第⑥步。

⑥ 测量油门踏板位置传感器插头 T6r/2 针脚、T6r/3 针脚、T6r/4 针脚与车身接地之间导线是否出现短路现象（图 6-3-43）。是，维修故障导线；否，进行第⑦步。

⑦ 点火开关置于"ON"状态，连接发动机控制单元插头 T64a。

⑧ 测量油门踏板位置传感器插头 T6r/1 针脚、T6r/5 针脚、T6r/6 针脚与车身接地之间电压值，检查导线是否对电源电路出现短路情况（图 6-3-44）。是，维修线路故障；否，进行第⑨步。

⑨ 测量油门踏板位置传感器插头 T6r/2 针脚、T6r/3 针脚、T6r/4 针脚与车身接地之间电压值，检查导线是否对电源电路出现短路情况（图 6-3-45）。是，维修导线故障；否，进行第⑩步。

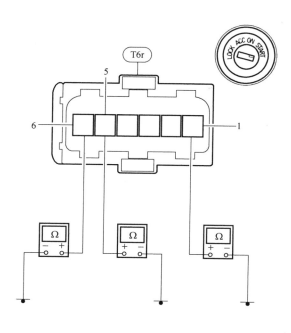

图 6-3-42 检查线路是否短路（一）

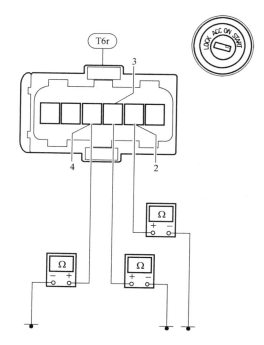

图 6-3-43 检查线路是否短路（二）

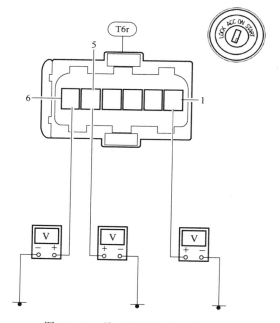

图 6-3-44 检查线路是否短路（三）

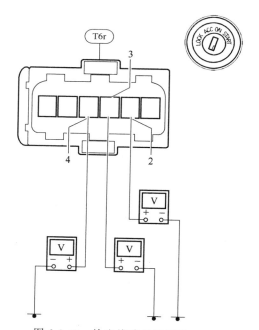

图 6-3-45 检查线路是否短路（四）

⑩ 更换一个已知良好的油门踏板位置传感器，进行路试；重新进行诊断，读取故障码，确认故障码及症状是否存在。是，进行第⑪步；否，油门踏板位置传感器损坏，更换油门踏板位置传感器。

⑪ 检查发动机控制单元供电和接地线路是否正常。是，进行第⑫步；否，维修故障导线。

⑫ 更换发动机控制单元，进行路试；重新进行诊断，读取故障码，确认故障码及症状是否

存在。是，从其他症状查找原因；否，更换发动机控制单元。

6.3.3　发动机执行器故障绿色诊断

（1）点火线路故障

诊断流程如下。

① 检查点火线圈供电熔丝是否正常。是，进行第②步；否，更换熔丝。

② 检查火花塞是否正常。是，进行第③步；否，更换火花塞。

③ 点火开关置于"ON"状态，断开点火线圈插头 T3ea、T3eb、T3ec、T3ed。

④ 测量点火线圈插头 T3ea/3、T3eb/3、T3ec/3、T3ed/3 针脚与车身接地之间是否为蓄电池电压（图 6-3-46）。是，进行第⑤步；否，熔丝 EF25（15A）与点火线圈插头 T3ea/3、T3eb/3、T3ec/3、T3ed/3 针脚之间导线故障，维修故障导线。

⑤ 拆卸点火线圈。

⑥ 测量点火线圈初级线圈阻值是否正常（图 6-3-47）。是，进行第⑦步；否，点火线圈故障，更换点火线圈。初级线圈标准电阻值：$0.38 \sim 0.48\Omega$。

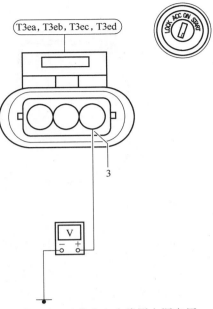

图 6-3-46　检查点火线圈电源电压

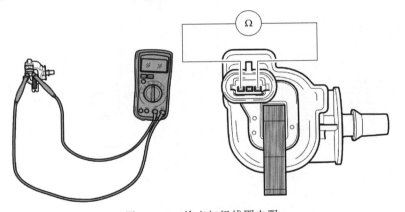

图 6-3-47　检查初级线圈电阻

⑦ 测量点火线圈次级线圈阻值是否正常（图 6-3-48）。是，进行第⑧步；否，点火线圈故障，更换点火线圈。次级线圈标准电阻值：$0.48 \sim 0.58\Omega$。

⑧ 断开发动机控制单元插头 T48a。

⑨ 测量点火线圈插头 T3ea/1 针脚与发动机控制单元插头 T48a/35 针脚之间是否出现断路情况（图 6-3-49）。是，维修故障导线；否，进行第⑩步。

⑩ 测量点火线圈插头 T3eb/1 针脚与发动机控制单元插头 T48a/48 针脚之间是否出现断路情况（图 6-3-50）。是，维修故障导线；否，进行第⑪步。

⑪ 测量点火线圈插头 T3ec/1 针脚与发动机控制单元插头 T48a/36 针脚之间是否出现断路情况（图 6-3-51）。是，维修故障导线；否，进行第⑫步。

⑫ 测量点火线圈插头 T3ed/1 针脚与发动机控制单元插头 T48a/47 针脚之间是否出现

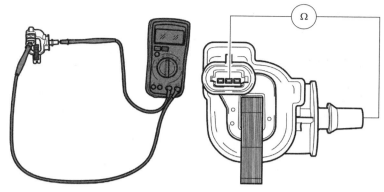

图 6-3-48 检查次级线圈电阻

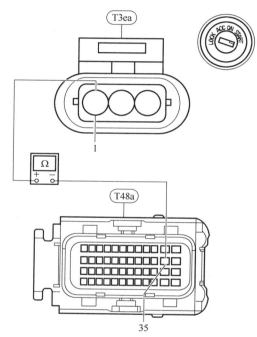

图 6-3-49 检查线路是否断路（一）

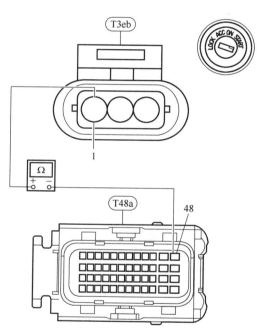

图 6-3-50 检查线路是否断路（二）

断路情况（图 6-3-52）。是，维修故障导线；否，进行第⑬步。

⑬ 测量点火线圈插头 T3ea/1、T3eb/1、T3ec/1、T3ed/1 针脚车身接地之间是否出现短路情况（图 6-3-53）。是，维修故障导线；否，进行第⑭步。

⑭ 测量点火线圈插头 T3ea/2、T3eb/2、T3ec/2、T3ed/2 针脚与车身接地点之间是否出现断路情况（图 6-3-54）。是，维修故障导线；否，进行第⑮步。

⑮ 检查发动机控制单元供电和接地线路是否正常。是，进行第⑯步；否，维修故障导线。

⑯ 更换发动机控制单元，重新进行路试，读取故障码，检查故障码是否存在。是，从其他方面查找故障原因；否，更换发动机控制单元。

（2）炭罐电磁阀线路故障

诊断流程如下。

① 检查炭罐电磁阀供电熔丝是否正常。是，进行第②步；否，更换熔丝。

② 断开炭罐电磁阀插头 T2bz。

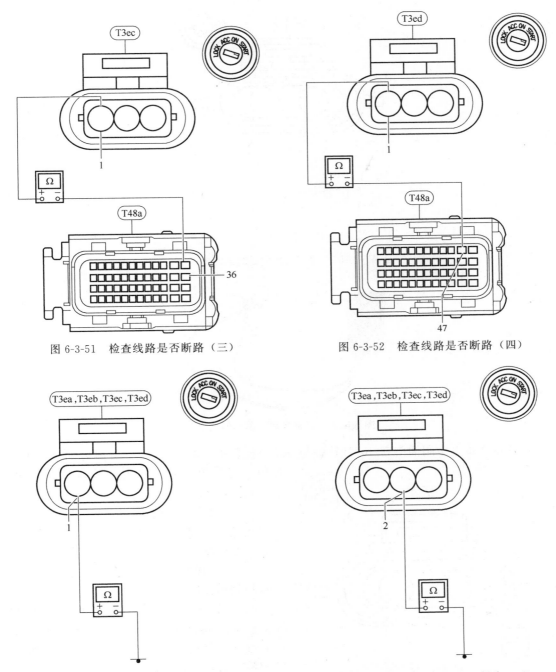

图 6-3-51　检查线路是否断路（三）

图 6-3-52　检查线路是否断路（四）

图 6-3-53　检查线路是否短路

图 6-3-54　检查线路是否断路（五）

③ 点火开关置于"ON"状态，测量 T2bz/A 针脚与车身接地是否为蓄电池电压（图 6-3-55）。是，进行第④步；否，熔丝与炭罐电磁阀插头 T2bz/A 针脚之间导线故障，维修故障导线。

④ 测量炭罐电磁阀 1 两针脚之间阻值是否正常，20℃时额定电阻为 19～22Ω（图 6-3-56）。是，进行第⑤步；否，炭罐电磁阀故障，更换炭罐电磁阀。

⑤ 断开发动机控制单元插头 T64a。

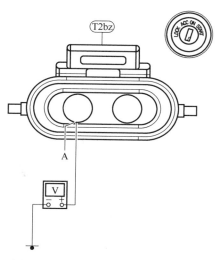

图 6-3-55 检查炭罐电磁阀电源电压

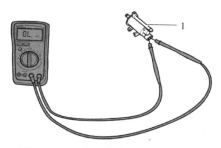

图 6-3-56 检查炭罐电磁阀的电阻

⑥ 测量炭罐电磁阀插头 T2bz/B 针脚与发动机控制单元插头 T64a/3 针脚之间是否出现断路情况（图 6-3-57）。是，维修故障导线；否，进行第⑦步。

⑦ 测量炭罐电磁阀插头 T2bz/B 针脚与车身接地之间是否出现短路情况（图 6-3-58）。是，维修故障导线；否，进行第⑧步。

⑧ 点火开关置于"ON"状态，连接发动机控制单元插头 T64a。

⑨ 测量炭罐电磁阀插头 T2bz/B 针脚与车身接地之间电压值，检查导线是否对电源电路出现短路情况（图 6-3-59）。是，维修导线故障；否，进行第⑩步。

⑩ 检查发动机控制单元供电和接地线路是否正常。是，进行第⑪步；否，维修故障导线。

⑪ 更换发动机控制单元，重新进行路试，读取故障码，检查故障码是否存在。是，从其他方面查找故障原因；否，更换发动机控制单元。

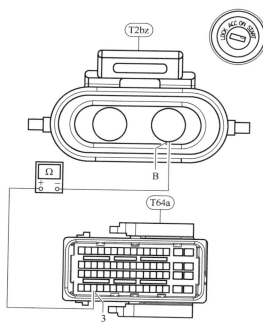

图 6-3-57 检查线路是否断路

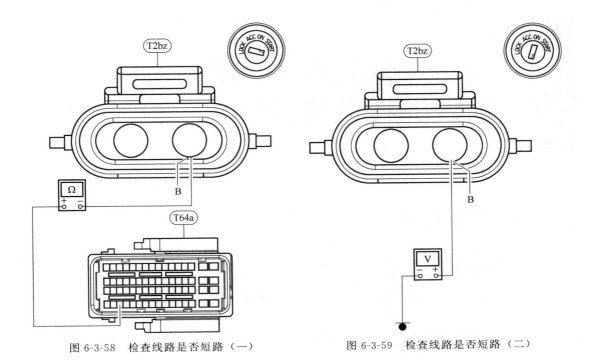

图 6-3-58 检查线路是否短路（一）　　　图 6-3-59 检查线路是否短路（二）

第7章 汽车（含新能源汽车）底盘系统的绿色维修技术

7.1 悬架系统的绿色维修

7.1.1 悬架的组成

悬架系统是指由车身与轮胎间的弹簧和减振器组成的整个支持系统。其功能是传递车轮和车架之间的力矩，缓冲路面带给车架或车身的冲击力，并衰减由此引起的车身震动，改善乘坐舒适性；不同的悬架系统会带给驾驶者带来不同的驾驶感受，决定汽车行驶时的稳定性、舒适性和安全性，是现代轿车的关键部件之一。

悬架一般由弹性元件、减振器、导向机构和横向稳定杆组成。

① 弹性元件用来承受并传递垂直载荷，缓和崎岖路面对车身的冲击，衰减震动并保持轮胎一直接触路面，维持车辆行驶的循迹性。

弹性元件的种类包括钢板弹簧、螺旋弹簧、扭杆弹簧、油气弹簧、空气弹簧和橡胶弹簧等。

钢板弹簧作为弹性元件时，可不设置导向机构，它本身兼起导向作用；有的悬架系统中加设横向稳定杆，提高横向刚度。汽车有不足转向时，可改善汽车操纵稳定性和行驶平顺性。

② 减振器用来衰减弹性系统引起的震动，种类有：筒式减振器、可调式减振器和充气式减振器。

③ 导向机构用来传递车轮与车身间的力矩，同时保持车轮按一定运动轨迹随着车身跳动。导向机构由控制摆臂杆件组成，种类有单连杆式和多连杆式。

悬架的组成如图 7-1-1 所示。

7.1.2 拆卸和安装下摆臂

（1）拆卸下摆臂

① 拆下前车轮，旋出滑柱下叉形臂 1 与下摆臂 2 的连接螺栓的螺母（箭头 A），取下连接螺栓（图 7-1-2）。旋出下摆臂球头的固定螺母（箭头 B）。螺母 A 拧紧力矩：（90±5）N·m。螺母 B 拧紧力矩：（100±10）N·m。

② 安装下摆臂球头拆卸工具 1，然后沿箭头方向旋紧下摆臂球头拆卸工具 1 的螺杆，从转向节上压出下摆臂球头（图 7-1-3）。

③ 旋出副车架的固定螺栓（箭头），取下下摆臂安装支架 1（图 7-1-4）。螺栓拧紧力矩：（132±22）N·m。

④ 旋出下摆臂的定位螺栓（箭头）（图 7-1-5）。螺栓拧紧力矩：（9±1）N·m。

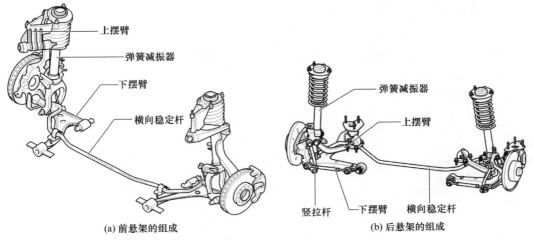

(a) 前悬架的组成

(b) 后悬架的组成

图 7-1-1　悬架的组成

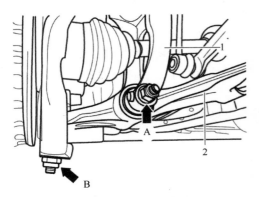

图 7-1-2　拆卸连接螺栓

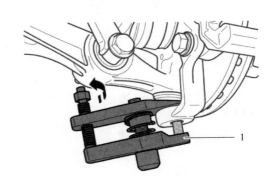

图 7-1-3　压出下摆臂球头

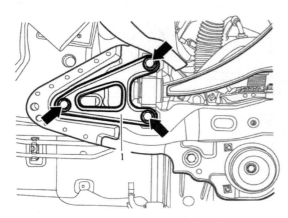

图 7-1-4　取下下摆臂安装支架

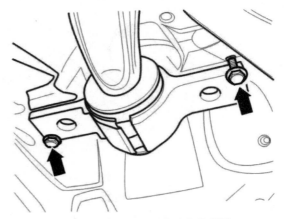

图 7-1-5　旋出下摆臂的定位螺栓

⑤ 旋出下摆臂的固定螺母（箭头），从内侧取出连接螺栓，取下下摆臂（图 7-1-6）。螺母拧紧力矩：(40±2)N・m。

（2）安装下摆臂

安装大体以倒序进行，同时注意以规定力矩拧紧螺栓/螺母。

7.1.3 拆卸和安装滑柱下叉形臂

（1）拆卸滑柱下叉形臂

① 拆下前车轮，旋出稳定杆拉杆支架 1 和滑柱下叉形臂 3 的连接螺栓 2（图 7-1-7）。螺栓拧紧力矩：（50±10）N·m。

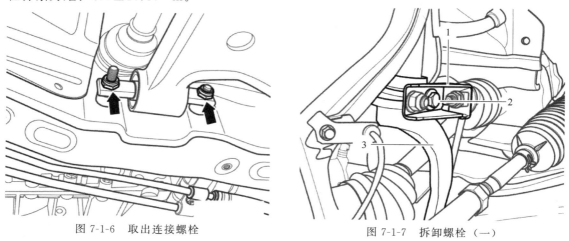

图 7-1-6 取出连接螺栓　　　　　　图 7-1-7 拆卸螺栓（一）

② 旋出滑柱下叉形臂 1 与减振器的连接螺栓（箭头）（图 7-1-8）。螺栓拧紧力矩：（105±15）N·m。

③ 旋出滑柱下叉形臂 1 与下摆臂 2 连接螺栓的螺母（箭头），取下连接螺栓（图 7-1-9）。螺母拧紧力矩：（90±5）N·m。

④ 取下滑柱下叉形臂。

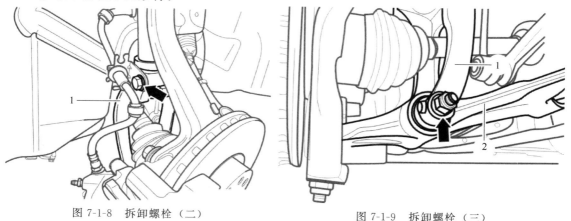

图 7-1-8 拆卸螺栓（二）　　　　　　图 7-1-9 拆卸螺栓（三）

（2）安装滑柱下叉形臂

安装大体以拆卸倒序进行，同时注意下列事项：在安装滑柱下叉形臂与下摆臂的连接螺栓时，将液压千斤顶放置在转向节下方，轻轻抬起车轮转向节，方便安装螺栓；以规定力矩拧紧固定螺栓/螺母。

7.1.4 拆卸和安装上摆臂

（1）拆卸上摆臂

① 拆下前车轮，拆卸前弹簧减振器。旋出上摆臂与转向节的连接螺母。螺母拧紧力矩：

（38±2）N・m。

②安装球头拆卸工具1，然后沿箭头方向旋转球头拆卸工具1的螺杆，从转向节上压出上摆臂的球头（图7-1-10）。

③旋出上摆臂的固定螺母（箭头）（图7-1-11），取下上摆臂。

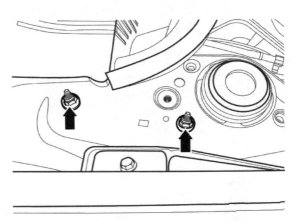

图 7-1-10　压出上摆臂的球头　　　　图 7-1-11　旋出上摆臂的固定螺母

（2）安装上摆臂

安装大体以拆卸的倒序进行，同时注意以规定力矩拧紧固定螺母。

7.1.5　拆卸和安装横向稳定杆拉杆

（1）拆卸横向稳定杆拉杆

①拆卸前车轮，旋出滑柱下叉形臂的固定螺母1和横向稳定杆拉杆支架的固定螺栓2。

②旋出横向稳定杆拉杆（箭头）的固定螺母3，将横向稳定杆拉杆和拉杆支架一同取下（图7-1-12）。将横向稳定杆拉杆和拉杆支架分离。

（2）安装横向稳定杆拉杆

安装大体以拆卸倒序进行，同时注意以规定力矩拧紧固定螺栓/螺母。

7.1.6　拆卸和安装弹簧减振器

（1）拆卸弹簧减振器

①拆卸前车轮，脱开制动软管的固定卡簧。从弹簧减振器3上脱开制动软管1和ABS轮速传感器线束2。

②拆卸滑柱下叉形臂（图7-1-13）。

③旋出弹簧减振器固定螺母（箭头）（图7-1-14）。螺母拧紧力矩：21N・m。

④取出弹簧减振器。

（2）分解弹簧减振器

如图7-1-15所示为安装工具。

图 7-1-12　拆卸螺栓

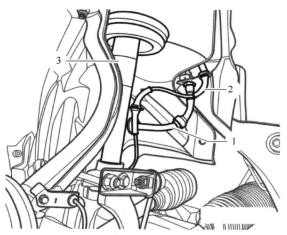

图 7-1-13　拆卸滑柱下叉形臂

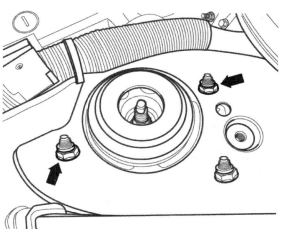

图 7-1-14　旋出弹簧减振器固定螺母

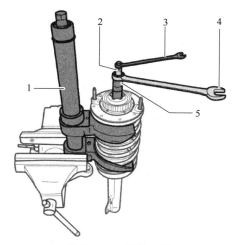

图 7-1-15　安装工具

① 旋紧弹簧减振器的弹簧压缩工具组 1 的螺杆，压紧弹簧减振器的弹簧，直至弹簧减振器的滑柱上安装支架没有负载。

② 用扳手 3 和弹簧减振器活塞杆固定工具 2 配合使用，固定弹簧减振器活塞杆。

③ 用扳手 4 和弹簧减振器螺母拆装套筒 5 配合使用，旋出活塞杆的紧固螺母。

④ 取下滑柱上安装支架及带弹簧压紧装置的螺旋弹簧。

安装弹簧减振器的弹簧压缩工具组 1 时，注意螺旋弹簧在减振器压缩工具支架的正确位置（箭头）（图 7-1-16）。

弹簧减振器总成分解如图 7-1-17 所示。

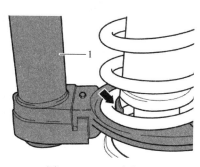

图 7-1-16　正确位置

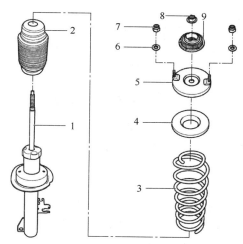

图 7-1-17　弹簧减振器总成分解
1—减振器；2—滑柱防尘套；3—螺旋弹簧；4—弹簧上橡胶垫；
5—滑柱上安装支座；6—垫片；7—固定螺母；
8—紧固螺母；9—滑柱上安装衬套

（3）组装弹簧减振器

① 用弹簧减振器的弹簧压缩工具压紧螺旋弹簧，将其安装在下滑柱安装支架上（图 7-1-18）。

在安装弹簧减振器滑柱上的安装支架时，必须注意滑柱上安装支架的安装角度。在安装左侧弹簧减振器的弹簧时，滑柱上安装支架的螺杆与滑柱下叉形臂的固定点的夹角为 64°（图 7-1-19）。

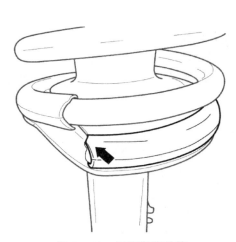

图 7-1-18　压紧螺旋弹簧

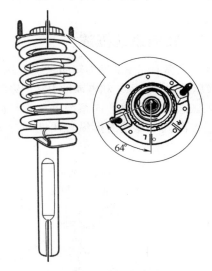

图 7-1-19　安装角度

② 旋紧弹簧减振器活塞杆的固定螺母。松开弹簧压紧装置，并从螺旋弹簧上取下。

（4）安装弹簧减振器

安装大体以拆卸的倒序进行，同时注意下列事项：更换自锁螺母；以规定力矩拧紧固定螺栓/螺母。

7.1.7　拆卸和安装后悬架前束调节杆

（1）拆卸后悬架前束调节杆

① 旋出后悬架前束调节杆 1 的固定螺栓（箭头）（图 7-1-20）。上部螺栓拧紧力矩：（52±5)N·m。下部螺栓拧紧力矩：（80±7)N·m。

② 旋出排气管的连接固定螺母（箭头）（图 7-1-21）。取下后悬架前束调节杆。

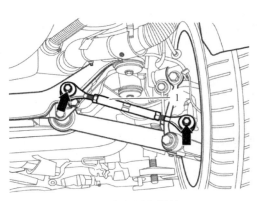

图 7-1-20　旋出固定螺栓（一）

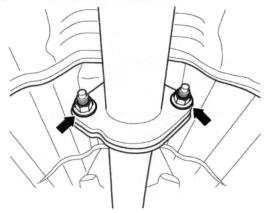

图 7-1-21　旋出固定螺栓（二）

（2）安装后悬架前束调节杆

安装大体以拆卸的倒序进行，同时注意下列事项：以规定力矩拧紧固定螺栓。安装完毕要对车辆进行四轮定位。

7.2　转向系统的绿色维修

7.2.1　转向系统概述

现代汽车上配置的助力转向系统大致可以分为三类：机械式液压助力转向系统（图7-2-1）、电子液压助力转向系统和电动助力转向系统。这里重点介绍机械式液压助力转向系统。

机械式液压助力转向系统可称为转向力放大系统，用于减轻驾驶员操控方向盘时的工作强度，提高汽车驾驶的操纵轻便性和行车安全性。

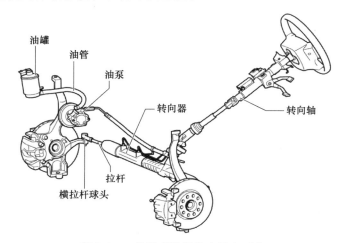

图7-2-1　机械式液压助力转向系统

7.2.2　拆卸和安装动力转向器

（1）拆卸动力转向器

① 拆卸左右两侧车轮。拆卸左前轮挡泥板。拆卸高压管路。拆卸低压管路。

② 将方向盘转至正前位置，并拔出点火钥匙，锁定方向盘。旋出转向横拉杆球头固定螺母。螺母拧紧力矩：（45±5）N·m。

③ 如图7-2-2所示，安装球头拆卸工具1，然后沿箭头方向旋紧球头拆卸工具1的螺杆，从转向节上压出转向横拉杆球头。

④ 旋出转向管柱1的转向柱孔隔音垫2的固定螺母（箭头），向上脱开转向柱孔隔音垫2（图7-2-3）。

⑤ 拆卸转向管柱连接螺栓。螺栓拧紧力矩：（23±3）N·m。

⑥ 沿箭头方向将十字轴从转向器上脱开（图7-2-4）。

⑦ 旋出转向器的固定螺母2和前副车架的固定螺栓1（图7-2-5）。螺栓1拧紧力矩：（132±22）N·m。螺母2拧紧力矩：（85±5）N·m。

⑧ 从上部取出转向器的固定螺栓。将副车架稍微向下拉，从左侧车轮处取出动力转向器。

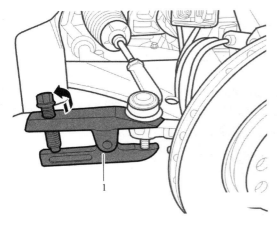

图 7-2-2　压出转向横拉杆球头

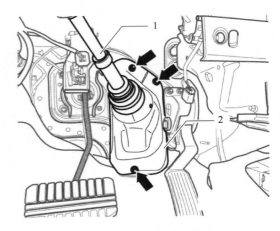

图 7-2-3　向上脱开隔音垫

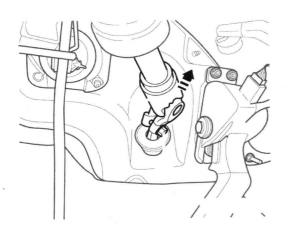

图 7-2-4　脱开十字轴

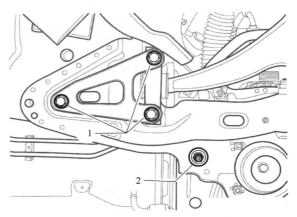

图 7-2-5　将副车架稍微向下拉

（2）安装动力转向器

安装大体以倒序进行，同时注意下列事项：将动力转向器安装至副车架；将副车架螺栓拧紧；安装高压管路；安装低压管路；加注转向助力液；以规定力矩拧紧固定螺栓/螺母。

7.2.3　更换橡胶防尘罩

（1）拆卸橡胶防尘罩

① 将方向盘转至中间位置（使车轮处于直线行驶的位置）。拆下车轮。

② 清洁橡胶防尘罩附近的转向器外壳及转向横拉杆。标记螺母在转向横拉杆上的位置。

③ 用扳手固定转向横拉杆球头 2，拧松螺母 1（图 7-2-6），脱开防尘罩卡箍（箭头）。

④ 旋出转向横拉杆球头固定螺母。螺母拧紧力矩：（45±5）N·m。

⑤ 安装球头拆卸工具 1，然后沿箭头方向旋紧球头拆卸工具 1 的螺杆，从转向节上压出转向横拉杆球头（图 7-2-7）。

⑥ 从转向器壳体上拆下防尘罩的卡箍（箭头）并将橡胶防尘罩从转向器体上拔下（图 7-2-8）。将弹簧卡箍及橡胶防尘罩从转向横拉杆上取下。

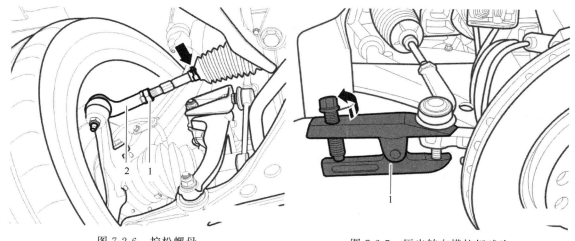

图 7-2-6　拧松螺母　　　　　　　　　　　图 7-2-7　压出转向横拉杆球头

（2）拆卸橡胶防尘罩

安装大体以拆卸的倒序进行，同时注意更换防尘套的紧固卡箍。如图 7-2-9 所示，用卡箍钳夹紧卡箍。

安装完毕后，进行四轮定位。

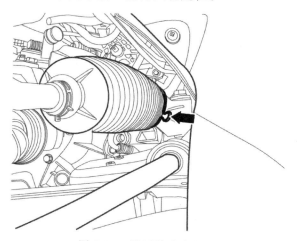

图 7-2-8　取下橡胶防尘罩

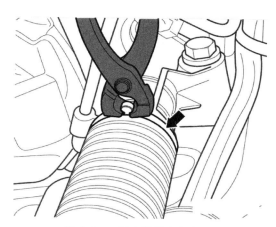

图 7-2-9　用卡箍钳夹紧卡箍

7.2.4　拆卸和安装动力转向油泵

（1）拆卸动力转向油泵

① 拆卸右前车轮。拆卸右前轮挡泥板。拆卸多楔带。

② 排放转向助力液压油。旋出附件惰轮 2 的固定螺栓 1，取出附件惰轮 2（图 7-2-10）。

③ 用转向助力泵皮带轮固定工具 1 锁定转向助力泵皮带轮，旋出转向助力泵皮带轮的固定螺栓（箭头）（图 7-2-11）。

④ 旋出发电机罩 1 的固定螺栓（箭头）。拆下发电机罩的固定卡子 2，取下发电机罩（图 7-2-12）。

⑤ 旋出可变进气歧管调整装置 1 的固定螺钉 2，沿箭头方向从支架上脱开可变进气调整电磁阀 3（图 7-2-13）。

图 7-2-10　取出附件惰轮

图 7-2-11　拆卸转向助力泵皮带轮的固定螺栓

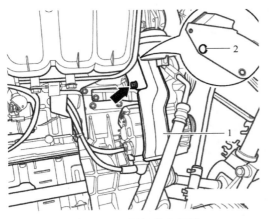

图 7-2-12　拆卸发电机罩

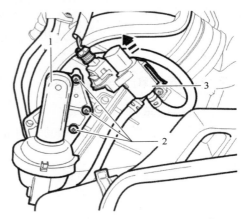

图 7-2-13　脱开可变进气调整电磁阀

⑥ 断开动力转向油泵上的进油管路 1 和输出管路 2（图 7-2-14）。管路 2 拧紧力矩：（40±5）N・m。

⑦ 旋出发电机支撑支架 1 的固定螺栓（箭头 A）和发电机固定螺母（箭头 B），取下支架（图 7-2-15）。

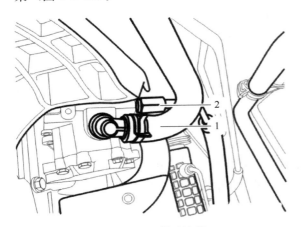

图 7-2-14　断开油管

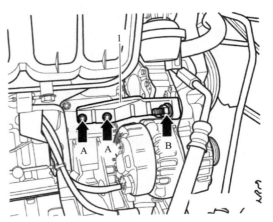

图 7-2-15　取下支架

⑧ 旋出动力转向油泵 1 的固定螺栓（箭头），取出动力转向油泵 1（图 7-2-16）。

（2）安装动力转向油泵

安装大体以拆卸的倒序进行，同时注意下列事项：向动力转向油泵中填充液压油。用手转动泵轴，使液压油从输出孔中流出。安装完毕后，检查液压油，如有必要，添加液压油。

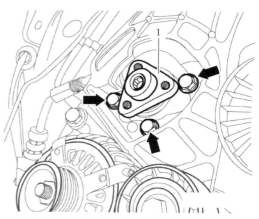

图 7-2-16 取出动力转向油泵

7.3 行驶系统的绿色维修

7.3.1 行驶系统概述

行驶系统的主要功用包括：支持整车的重量和载荷、保证车辆行驶、保证车辆进行各种作业。轮式行驶系统一般由车架、车桥、悬架和车轮四部分组成（图 7-3-1），其中车架是整个汽车装配的基体，车桥通过悬架与车架相连接，车轮分别安装在车桥上。

7.3.2 拆卸和安装车轮

（1）拆卸车轮

举升车辆，用随车工具中的轮胎扳手沿箭头方向旋松车轮固定螺栓（图 7-3-2），取下车轮。

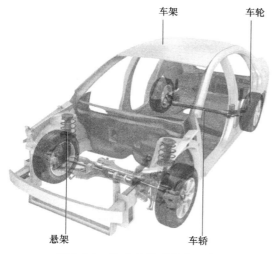

图 7-3-1 轮式行驶系统的组成

图 7-3-2 拆卸车轮固定螺栓

（2）安装车轮

① 对车轮定心座进行防腐处理。

② 在车轮装配时先将所有的车轮螺栓用手拧入。将螺栓沿对角用 30N·m 的力矩拧紧。

③ 使汽车处于空载状态，用扭矩扳手将车轮螺栓以规定力矩拧紧。螺栓拧紧力矩：(115±25)N·m。

注意： 在拧入车轮螺栓时，禁止使用冲击式扳手（图 7-3-3）。

7.3.3　拆卸和安装轮胎压力传感器

（1）拆卸轮胎压力传感器

① 拆下轮胎总成。

② 拆下气门帽、气门芯，然后给轮胎放气。

注意：如果轮胎再次使用，在轮胎所在的车轮阀孔位置做匹配标记，以便在安装后进行车轮的平衡调整。

③ 拆下固定轮胎压力传感器的气门螺母，不允许轮胎压力传感器掉落。

④ 使用轮胎更换器分开轮胎胎面。

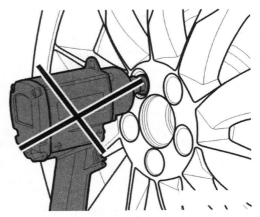

图 7-3-3　禁止使用冲击式扳手

注意：

a. 执行以上操作时，确认轮胎压力传感器 1 位于轮胎底部（图 7-3-4）；

b. 切勿损坏车轮或轮胎压力传感器。

⑤ 在胎面上涂抹胎面保护膏或同等物质。

⑥ 将轮胎设在可转动的轮胎更换器上，以便轮胎内的轮胎压力传感器位于靠近车轮阀孔的位置。

⑦ 转动轮胎，使阀孔位于底部并使轮胎跳动，以便轮胎压力传感器 1 靠近阀孔；小心地将轮胎放在转盘上，并使阀孔（和轮胎压力传感器）距离固定/拆卸头 2 的角度 270°（图 7-3-5）。

注意：切勿损坏车轮和轮胎压力传感器。

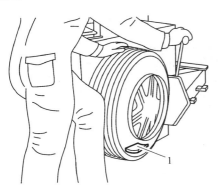

图 7-3-4　轮胎压力传感器安装位置

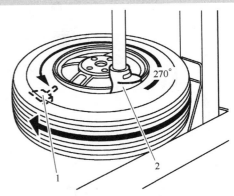

图 7-3-5　转动轮胎

⑧ 从轮胎上拆下轮胎压力传感器。

⑨ 拆下垫圈/密封圈。

⑩ 沿箭头方向拆下气门杆（图 7-3-6）。

（2）安装轮胎压力传感器

① 在胎面上涂抹胎面保护膏或同等物质。

② 将胎面 1 内侧的轮胎安装到车轮 2 位置上（图 7-3-7）。

③ 将气门杆安装到轮胎压力传感器上。

图 7-3-6　沿箭头方向拆下气门杆

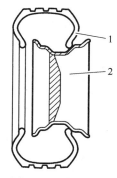

图 7-3-7　安装轮胎

④ 将索环密封圈安装到轮胎压力传感器上。

注意： 切勿重复使用索环密封圈；将索环密封圈完全插到底。

⑤ 按照下列步骤将轮胎压力传感器安装到车轮上。

a. 更换气门杆。

ⓐ 将气门杆安装到轮胎压力传感器上。

ⓑ 将垫圈 1 安装到气门杆上，然后将密封圈安装到气门杆 2 上（图 7-3-8）。

注意： 检查密封圈方向。

ⓒ 使垫圈切口部分 A 处在气门杆的中心（图 7-3-9）。

b. 将轮胎压力传感器安装到车轮上之前，检查气门杆的状态。

注意： 气门杆座 A 务必定位在如图 7-3-10 所示的金属板凹槽中。

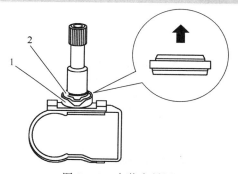

图 7-3-8　安装密封圈

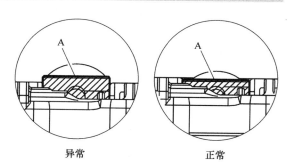

异常　　　　　正常

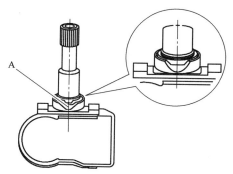

图 7-3-9　垫圈切口位置

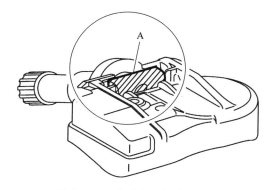

图 7-3-10　检查气门杆座的位置

c. 如图 7-3-11 所示，握住轮胎压力传感器，并沿箭头所示方向按压传感器，使其与车轮完全接触。然后，将气门螺母拧紧至规定扭矩。

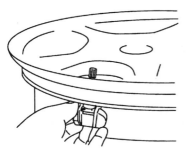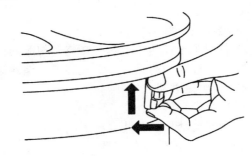

图 7-3-11　安装轮胎压力传感器

注意： 切勿重复使用气门芯和气门帽；确认索环密封圈上没有异物；确认索环密封圈与车轮水平接触；再次确认气门杆座定位在金属板的凹槽中；手动将气门螺母完全拧紧到车轮上（切勿使用电动工具以防发生碰撞）。

⑥ 将轮胎放置到转盘上，以使轮胎机固定/拆卸头 2 处于离轮胎阀孔（压力传感器 1）约 270°的位置（图 7-3-12）。

注意： 确保更换器臂不与轮胎压力传感器接触。

⑦ 将轮胎外侧胎面安装到车轮上。

注意： 安装时，确认轮胎不与车轮一起转动。

⑧ 检查所有车轮的轮胎气压并将其调节到规定值。

注意： 充气时，将轮胎与拆卸时匹配标记所在的位置对齐。

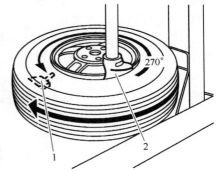

图 7-3-12　安装轮胎

⑨ 将轮胎安装到车辆上。

⑩ 执行轮胎压力传感器 ID 注册。

7.3.4　四轮定位

（1）四轮定位的概述

每次测量时必须测量前桥和后桥，否则无法保证方向盘处于中间位置。

① 用四轮定位计算器进行测量定位。

② 用于测量定位的所有信息都可在四轮定位仪的电脑中找到，包含所有测量定位信息升级包，由四轮定位仪厂商提供。

（2）必须进行车轮定位的情况

① 存在行驶性能缺陷。

② 因事故造成损坏并更换了部件。

③ 拆下或更换过车桥部件。

④ 单侧轮胎磨损。

（3）检测的前提条件

① 检查车轮悬架、车轮轴承、转向系统和转向横拉杆（是否有损坏或间隙过大）。

② 同一车桥上轮胎花纹深度的最大允许偏差（为 2mm）。

③ 调整轮胎充气压力（达到规定值）。

④ 汽车空载质量。

⑤ 燃油箱（必须装满）。

⑥ 备用车轮和随车工具（在汽车相应的固定位置上）。

⑦ 车窗玻璃和前组合灯清洗装置的储液罐（必须装满）。

（4）测量准备

① 进行轮辋偏位补偿。

② 用制动踏板加载装置压下制动踏板。

（5）四轮定位操作步骤

① 前桥外倾角。前桥外倾角不可调，若测量值超出允许值，必须检测车身副车架损坏情况。

② 后桥外倾角。后桥外倾角不可调，若测量值超出允许值，必须检查车身后副车架损坏情况。

③ 调整后轮前束。

a. 松开锁止螺母（箭头），通过旋转左或右前束调节杆 1 调整后轮前束（图 7-3-13）。

b. 调整后，将锁止螺母（箭头）拧到（55±5）N·m 的力矩，重新检查后轮前束。拧紧锁止螺母（箭头）后，前束值可轻微变化。

④ 调整前轮单轮前束角。

a. 固定转向横拉杆球头 2，松开锁止螺母 1。通过旋转左侧和右侧拉杆，调整前束。做此项工作时，将开口扳手置于横拉杆六角螺纹上（箭头）（图 7-3-14）。

b. 将锁止螺母 1 拧到（45±5）N·m 的力矩，重新检查前轮单轮前束角。若调整值与要求值偏差不超过 2′，表明调整有效。将卡箍装到护套上（图 7-3-14）。

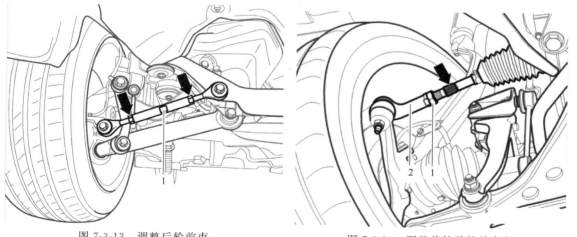

图 7-3-13 调整后轮前束　　　　　图 7-3-14 调整前轮单轮前束角

7.4 制动系统的绿色维修

7.4.1 制动系统概述

汽车上都设有专用的制动系统，使行驶中的汽车减速或在最短距离内停车，并可使汽车可靠地停放在原地（包括在坡道上）保持不动（图 7-4-1）。

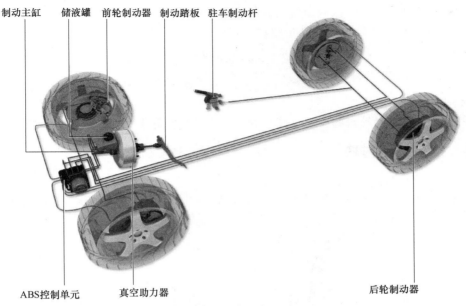

制动主缸　储液罐　前轮制动器　制动踏板　驻车制动杆

ABS控制单元　　真空助力器　　　　　　　　后轮制动器

图 7-4-1　制动系统的组成

7.4.2　检查制动助力器

（1）操作

在发动机关闭的情况下，每隔 5s 踩下制动踏板几次。然后完全踩下制动踏板，启动发动机。检查制动踏板和隔板下板之间的间隙是否减少。

注意：当完全踩下制动踏板时，可能会在踏板上感到带有微弱"咔哒"声的轻微的冲击，这是制动系统工作的正常现象。

（2）气密性

① 让发动机怠速运转 1min，以在制动助力器中建立真空，然后关闭发动机。

② 间隔 5s 踩下制动踏板几次，直至积聚的真空释放到大气压力中。执行该操作时，检查每次踩下制动踏板时制动踏板和隔板下板之间的间隙是否逐渐增加。

③ 在发动机运转时踩下制动踏板，然后在踩住制动踏板的同时关闭发动机。在踩住制动踏板 30s 或更长时间后，检查制动踏板行程是否无变化。

7.4.3　检查制动盘

（1）检查外观

检查制动盘表面有无不均匀磨损、裂纹和严重损坏，必要时进行更换。

（2）检查跳动量

① 用车轮螺母（至少 2 点）将制动盘固定在轮毂和轴承总成上。

② 检测前检查车轮轴承轴端间隙。

③ 用千分表在距离盘边缘内 10mm 处检查跳动量（图 7-4-2）。

④ 如果跳动量超出极限值，将制动盘-轮毂和轴承总成的

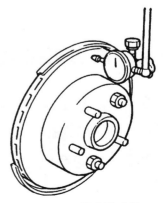

图 7-4-2　检查跳动量

安装位置一次转动一个孔，以确定跳动量最小的安装位置，最大跳动量：0.035mm。

⑤ 如果在执行上述操作后跳动量超过规定值，需磨合制动盘。

注意：提前检查制动盘的厚度是否为磨损厚度＋0.3mm 或以上。如果厚度小于磨损厚度＋0.3mm，更换制动盘。

（3）检查制动盘厚度

使用千分尺检查制动盘的厚度（图 7-4-3）。如果厚度低于磨损极限，应更换制动盘。

7.4.4　检查制动衬块

（1）检查制动衬块厚度

从缸体上的检查孔中检查制动衬块磨损厚度（图 7-4-4）。如有必要，应使用刻度尺检查。最小厚度：2.0mm。

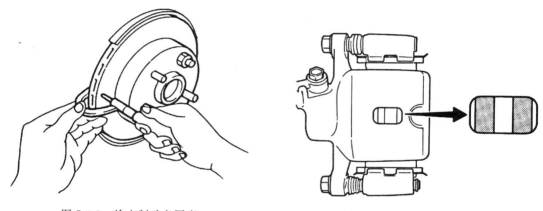

图 7-4-3　检查制动盘厚度　　　　　图 7-4-4　检查制动衬块厚度

（2）磨合制动衬块

注意：控制车速，因为在制动衬块和制动盘磨合好之前制动器不能可靠地工作，只能在安全的路面和交通状况下执行此步骤，要非常小心。

① 将车辆行驶在平直路面上。

② 控制好踩制动踏板的力，使车辆在 3～5s 内停下。

③ 松开制动器驾驶车辆几分钟以冷却制动系统。

④ 重复步骤①～③直至衬块和制动盘完全磨合。

7.5　底盘机械系统常见故障绿色诊断

7.5.1　行驶系统

轮胎磨损检查流程如图 7-5-1 所示。

7.5.2　转向系统

（1）转向异响

转向异响检查流程如图 7-5-2 所示。

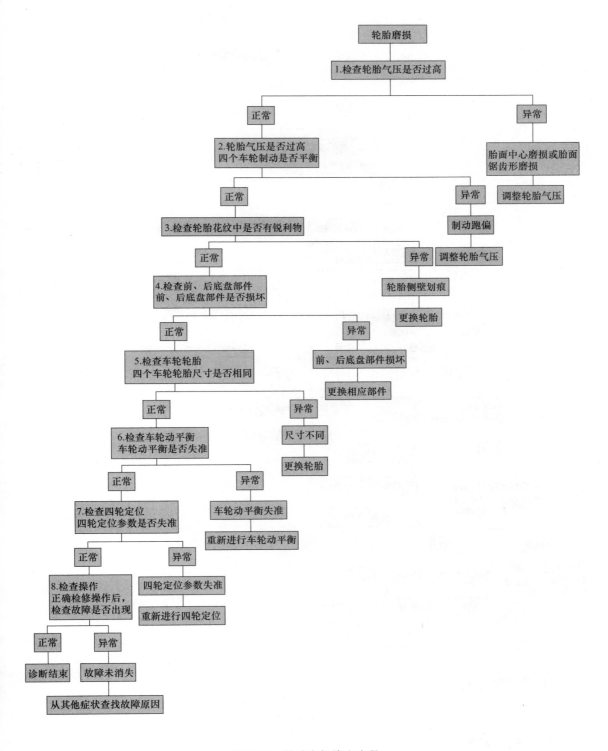

图 7-5-1　轮胎磨损检查流程

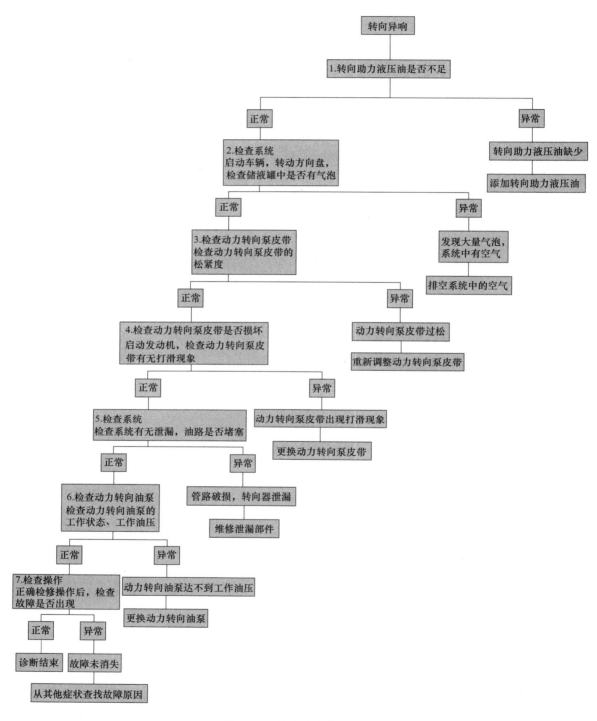

图 7-5-2　转向异响检查流程

（2）转向沉重

转向沉重检查流程如图 7-5-3 所示。

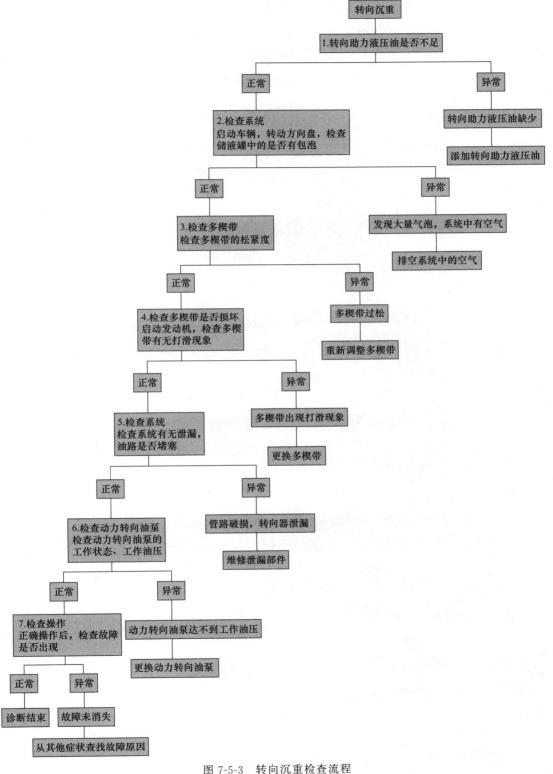

图 7-5-3　转向沉重检查流程

（3）行驶时方向盘摆动

行驶时方向盘摆动检查流程如图 7-5-4 所示。

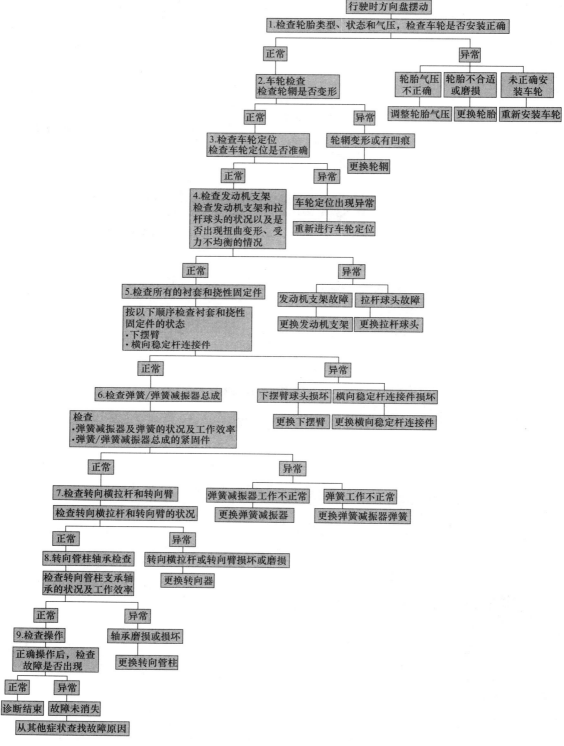

图 7-5-4　行驶时方向盘摆动检查

7.5.3　制动系统

（1）制动时跑偏

制动时跑偏检查流程如图 7-5-5 所示。

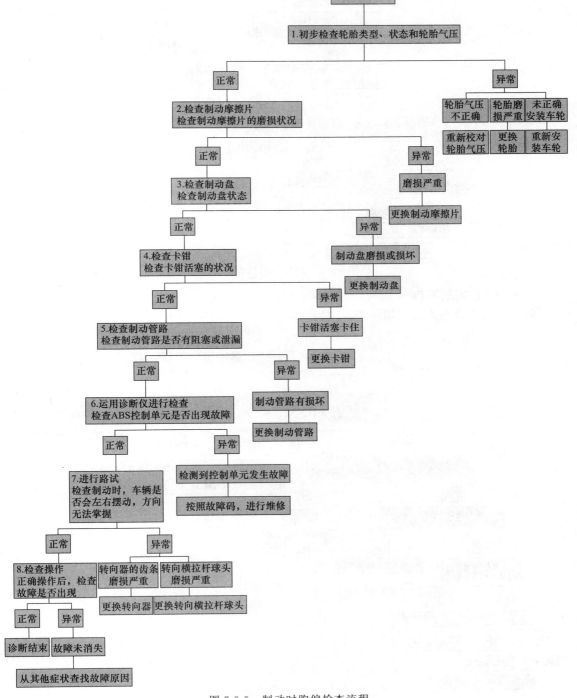

图 7-5-5　制动时跑偏检查流程

（2）制动失效

制动失效检查流程如图 7-5-6 所示。

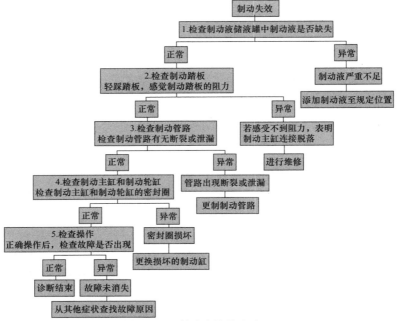

图 7-5-6　制动失效检查流程

（3）驻车制动不良

驻车制动不良检查流程如图 7-5-7 所示。

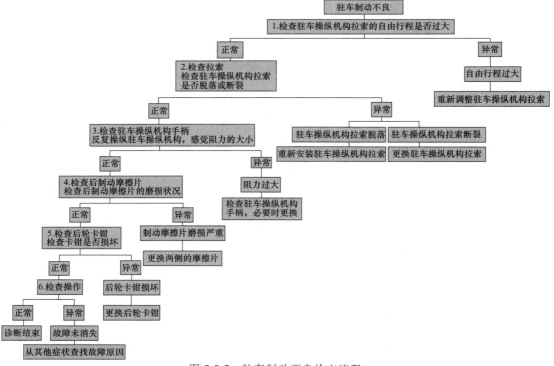

图 7-5-7　驻车制动不良检查流程

7.5.4　紧急制动时车轮抱死

紧急制动时车轮抱死检查流程如图 7-5-8 所示。

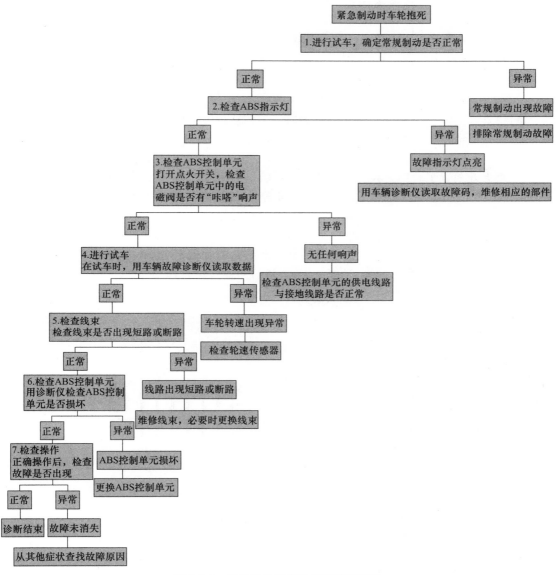

图 7-5-8　紧急制动时车轮抱死检查流程

7.6　底盘电控系统常见故障绿色诊断

7.6.1　行驶系统

（1）胎压监测传感器 ID 重复

诊断步骤如下。

① 断开胎压监测控制单元，检查连接插头是否有裂痕和异常，针脚是否腐蚀、生锈。

是，清洁连接插头及针脚；否，进行第②步。

② 更换胎压监测控制单元，进行匹配；重新进行诊断，读取故障码，确认故障码及症状是否存在。是，从其他症状查找故障原因；否，更换胎压监测控制单元。

（2）胎压监测系统电源异常

诊断步骤如下。

① 检查蓄电池充电线路是否异常，接线柱是否松动、腐蚀等。是，维修故障导线，紧固或清洁接线柱；否，进行第②步。

② 点火开关置于"ON"状态时，检查仪表板电气盒胎压监测系统熔丝是否正常。是，进行第③步；否，更换故障熔丝。

③ 检查蓄电池电压是否在正常值范围内。是，进行第④步；否，检修或更换蓄电池。

④ 检查发电机发电电压是否在正常值范围内。是，进行第⑤步；否，检修或更换发电机。

⑤ 点火开关置于"LOCK"状态时，断开胎压监测控制单元插头，检查连接插头是否有裂痕和异常，针脚是否腐蚀、生锈。是，清洁连接插头及针脚；否，进行第⑥步。

⑥ 点火开关置于"ON"状态时，测量胎压监测控制单元16芯插头T16p/2针脚与车身接地之间导线电压是否为蓄电池电压（图7-6-1）。是，进行第⑦步；否，维修故障导线。

⑦ 点火开关置于"LOCK"状态时，测量胎压监测控制单元16芯插头T16p/9针脚与车身接地之间导线是否导通（图7-6-2）。是，进行第⑧步；否，维修故障导线。

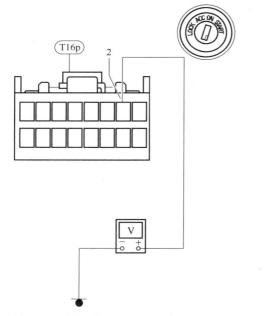

图7-6-1 检查胎压监测控制单元电源电压

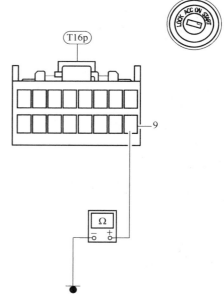

图7-6-2 检查线路是否导通

⑧ 更换胎压监测控制单元，进行路试；重新进行诊断，读取故障码，确认故障码及症状是否存在。是，从其他症状查找原因；否，更换胎压监测控制单元。

7.6.2 转向系统

（1）转向锁不能锁止

诊断步骤如下所示。

① 检查蓄电池充电线路是否异常，接线柱是否松动、腐蚀等。是，维修故障导线，紧固或清洁接线柱；否，进行第②步。

② 检查仪表板电器盒熔丝 RF02（5A）是否熔断。是，更换熔丝；否，进行第③步。

③ 检查蓄电池电压是否在正常值范围内。是，进行第④步；否，检修或更换蓄电池。

④ 检查发电机发电电压是否在正常值范围内。是，进行第⑤步；否，检修或更换发电机。

⑤ 断开电子转向柱锁 6 芯插头 T6n，检查电子转向柱锁 6 芯插头 T6n 是否有裂痕和异常，针脚是否腐蚀、生锈。是，清洁插头及针脚；否，进行第⑥步。

⑥ 测量电子转向柱锁 6 芯插头 T6n/1 针脚的电压是否为蓄电池电压（图 7-6-3）。是，进行第⑦步；否，维修故障导线。

⑦ 测量电子转向柱锁 6 芯插头 T6n/6 针脚与车身接地之间导线是否出现断路情况（图 7-6-4）。是，维修故障导线；否，进行第⑧步。

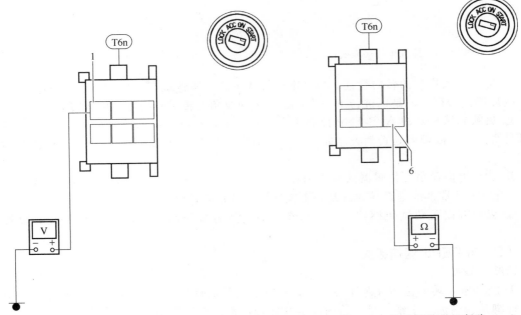

图 7-6-3　检查电源电压（一）　　　　　　　　图 7-6-4　检查线路是否断路（一）

⑧ 更换电子转向柱锁，重新进行诊断，读取故障码，确认故障码及症状是否存在。是，从其他症状查找原因；否，更换电子转向柱锁。

（2）方向盘角度传感器故障

诊断步骤如下。

① 连接车辆诊断仪，清除故障码。

② 以 30km/h 或更高的车速试车，检查 ABS 指示灯是否点亮，故障码是否存在。是，进行下一步；否，为偶发性故障，检查 ABS 控制单元插头 FB07 是否松动锈蚀。

③ 检查熔丝 EF30（10A）、EF4（40A）、EF14（25A）、F5（10A）是否正常。是，进行下一步；否，更换熔丝。

④ 断开 ABS/ESP 控制单元的插头 FB07。

⑤ 检查 ABS/ESP 控制单元插头 FB07 电源和接地是否正常。是，进行下一步；否，维修故障导线。

⑥ 断开方向盘角度传感器的插头 IP40。

⑦ 检查方向盘角度传感器插头 IP40 的 1 端子与车身地线是否良好（图 7-6-5）。是，进行下一步；否，维修故障导线。

⑧ 用万用表测量方向盘角度传感器插头 IP40 的 2 端子与车身地线之间的电压是否为蓄电池电压（图 7-6-6）。是，进行下一步；否，维修故障导线。

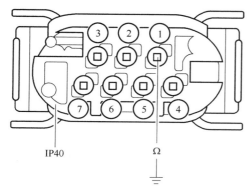

图 7-6-5　检查车身接地线

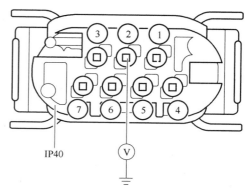

图 7-6-6　检查电源电压（二）

⑨ 更换确认良好的转向管柱，以 30km/h 或更高的车速试车，检查 ABS 指示灯是否点亮，故障码是否存在。是，进行下一步；否，方向盘角度传感器故障，更换转向管柱。

⑩ 更换确认良好的 ABS/ESP 控制单元，以 30km/h 或更高的车速试车，检查 ABS 指示灯是否点亮，故障码是否消失。如果故障码消失，为控制单元故障，更换 ABS/ESP 控制单元。

⑪ 检查方向盘角度传感器的插头 IP40-3（CAN-H）端子、IP40-4（CAN-L）端子与其他系统的 CAN 数据线是否导通。是，更换转向管柱；否，维修故障导线。

⑫ 更换方向盘角度传感器，进行试车，如仍然有故障码出现，则更换 ABS/ESP 控制单元。

（3）与 PEPS 通信丢失

诊断步骤如下。

① 断开电子转向柱锁 6 芯插头 T6n，检查电子转向柱锁 6 芯插头 T6n 是否有裂痕和异常，针脚是否腐蚀、生锈。是，清洁插头及针脚；否，进行第②步。

② 断开无钥匙启动控制单元 6 芯插头 T6q，检查无钥匙启动控制单元 6 芯插头 T6q 是否有裂痕和异常，针脚是否腐蚀、生锈。是，清洁插头及针脚；否，进行第③步。

③ 断开无钥匙启动控制单元 6 芯插头 T6q，检查 T6q 连接插头是否有裂痕和异常，针脚是否腐蚀、生锈。是，清洁插头及针脚；否，进行第④步。

④ 检查仪表板电器盒熔丝 RF15（7.5A）、RF18（5A）是否熔断。是，更换熔断的熔丝；否，进行第⑤步。

⑤ 测量无钥匙启动控制单元 6 芯插头 T6q/1、T6q/5 针脚的电压是否为蓄电池电压（图 7-6-7）。是，进行第⑥步；否，更换无钥匙启动控制单元。

⑥ 测量无钥匙启动控制单元 6 芯插头 T6q/2、T6q/6 针脚与车身接地之间导线是否出现断路情况（图 7-6-8）。是，维修故障导线；否，更换转向柱锁。

7.6.3　制动系统

（1）左前轮速传感器信号故障

诊断步骤如下。

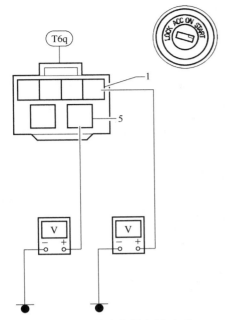

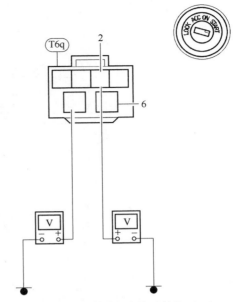

图 7-6-7　检查电源电压（三）　　　　　图 7-6-8　检查线路是否断路（二）

① 连接车辆诊断仪，清除故障码。

② 以 30km/h 或更高的车速试车，检查 ABS 指示灯是否点亮，故障码是否存在。是，进行下一步；否，为偶发性故障，检查左前轮速传感器插头 FB01 针脚是否松动、锈蚀。

③ 脱开左前轮速传感器的插头 FB01。

④ 用万用表检查左前轮速传感器的两个端子阻值是否正常（图 7-6-9）。是，进行下一步；否，左前轮速传感器故障，更换左前轮速传感器。

⑤ 检查车轮轴承是否正常。是，进行下一步；否，车轮轴承损坏，更换车轮轴承。

⑥ 脱开 ABS/ESP 控制单元插头 FB07。

⑦ 用万用表测量 FB07/22 与 FB01/1、FB07/34 与 FB01/2 是否导通（图 7-6-10）。是，进行下一步；否，维修导线故障。

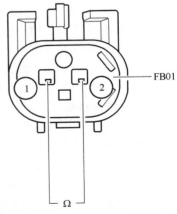

⑧ 更换确认良好的 ABS/ESP 控制单元，以 30km/h 或更高的车速试车，检查 ABS 指示灯是否点亮，故障码是否消失。如果故障码消失，为控制单元故障，更换 ABS/ESP 控制单元。

（2）ABS 泵左前进液电磁阀故障

诊断步骤如下。

图 7-6-9　检查左前轮速传感器的阻值

① 连接车辆诊断仪，清除故障码。

② 以 30km/h 或更高的车速试车，检查 ABS 指示灯是否点亮，故障码是否存在。是，进行下一步；否，为偶发性故障，检查 ABS 控制单元插头 FB07 是否松动锈蚀。

③ 检查熔丝 EF30（10A）、EF4（40A）、EF14（25A）、F5（10A）是否正常。是，进行下一步；否，更换熔丝。

④ 断开 ABS/ESP 控制单元的插头 FB07。

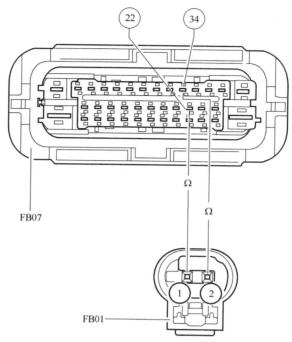

图 7-6-10 检查线路是否导通

⑤ 检查 ABS/ESP 控制单元插头电源和接地是否正常。是，进行下一步；否，维修故障导线。

⑥ 更换确认良好的 ABS/ESP 控制单元，以 30km/h 或更高的车速试车，检查 ABS 指示灯是否点亮，故障码是否消失。如果故障码消失，为控制单元故障，更换 ABS/ESP 控制单元。

（3）ABS 泵电机控制故障

诊断步骤如下。

① 连接车辆诊断仪，清除故障码。

② 以 30km/h 或更高的车速试车，检查 ABS 指示灯是否点亮，故障码是否存在。是，进行下一步；否，为偶发性故障，检查 ABS 控制单元插头 FB07 是否松动锈蚀。

③ 检查熔丝 EF30（10A）、EF4（40A）、EF14（25A）、F5（10A）是否正常。是，进行下一步。否，更换熔丝。

④ 断开 ABS/ESP 控制单元的插头 FB07。

⑤ 检查 ABS/ESP 控制单元插头电源和接地是否正常。是，进行下一步；否，维修故障导线。

⑥ 更换确认良好的 ABS/ESP 控制单元，以 30km/h 或更高的车速试车，检查 ABS 指示灯是否点亮，故障码是否消失。如果故障码消失，为控制单元故障，更换 ABS/ESP 控制单元。

扫一扫

▶ 视频精讲

第8章

汽车变速器系统的绿色维修技术

8.1 手动变速器的绿色维修与故障诊断

8.1.1 手动变速器的概述及结构

（1）手动变速器的概述

在汽车的传动系统中，手动变速器安装在离合器的后面（图 8-1-1），它能改变发动机转矩和转速的变化范围以及动力传递的方向，以获得汽车行驶所需要的驱动力和速度。

（2）手动变速器的结构

手动变速器的结构如图 8-1-2 所示。

8.1.2 离合器的概述

离合器（图 8-1-3）安装在发动机和变速器之间，是发动机与汽车传动系统之间切断和传递动力的关键部件。离合器的作用是使发动机与传动系统平顺地接合，以保证汽车平稳起步；短时切断发动机与传动系统之间的动力传输，以利于发动机启动和减少换挡时对齿轮的冲击；当驱动轮阻力过大时，离合器通过打滑实现对传动系统的过载保护。

手动变速器

图 8-1-1 手动变速器的位置

8.1.3 手动变速器绿色维修

（1）更换传动轴油封

以日产轩逸为例。

① 手动变速器的维修注意事项。

a. 切勿重复使用 CSC（同心从动缸）。因为每次拆下变速驱动桥总成时，CSC 都向后滑动至原始位置。此时，滑动零件上的灰尘可能会损坏 CSC 的密封件并导致离合器液泄漏。

b. 切勿重复使用排出的变速驱动桥齿轮油。

c. 将车辆停在水平地面上，检查油位或更换齿轮油。拆下与安装变速驱动桥时，保持其内部没有灰尘或脏物。

d. 在拆卸或分解之前，检查并确定好正确的安装位置。如果需要做匹配标记，确保不会影响做上匹配标记零件的功能。按照规定，分多步并按照对角线的顺序，由里到外拧紧螺

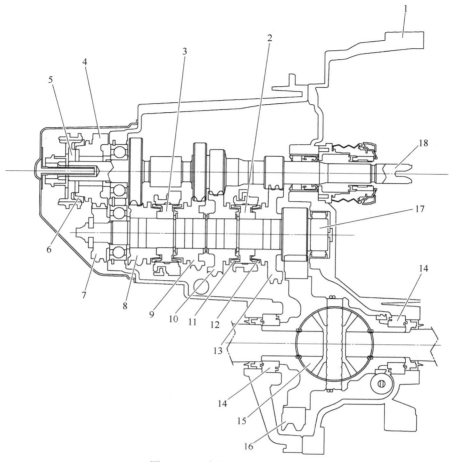

图 8-1-2 手动变速器的结构

1—离合器壳体；2—1挡-2挡同步器轮毂总成；3—3挡-4挡同步器轮毂总成；4—5挡输入齿轮；
5—5挡-倒挡同步器轮毂总成；6—5挡倒挡齿环；7—5挡主齿轮；8—4挡主齿轮；9—3挡主齿轮；
10—2挡主齿轮；11—2挡双锥同步器；12—1挡双锥同步器；13—1挡主齿轮；14—差速器侧轴承；
15—差速器；16—主减速器齿轮；17—主轴；18—输入轴

栓与螺母。如果拧紧顺序已规定，则按照规定进行。切勿损坏滑动面和配合面。

　　② 拆卸传动轴油封。拆下前驱动轴，用油封拆卸器拆卸离合器壳体和变速驱动桥箱上的差速器侧油封 1（图 8-1-4）。

图 8-1-3 离合器

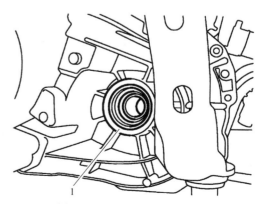

图 8-1-4 拆下差速器侧油封

注意：切勿损坏变速驱动桥箱和离合器壳体。

③ 安装传动轴油封。按照与拆卸相反的顺序安装。

使用冲头将差速器侧油封 1 安装到离合器壳体和变速驱动桥箱上（图 8-1-5）。

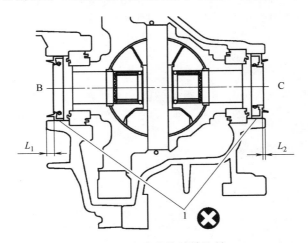

图 8-1-5　安装传动轴油封

B—变速驱动桥箱侧；C—离合器壳体侧；L_1，L_2—油封到变速箱壳体的距离

注意：切勿倾斜差速器侧油封；切勿损坏离合器壳体和变速驱动桥箱；安装后检查机油油位和有无泄漏。

（2）更换倒挡开关

以日产轩逸为例。

① 拆卸倒挡开关（图 8-1-6）。排放齿轮油，断开位置开关接头，拆下变速驱动桥箱的位置开关。

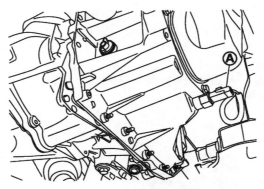

图 8-1-6　拆卸倒挡开关

② 安装倒挡开关。

a. 在位置开关的螺纹上涂抹推荐的润滑剂。

注意：清除附着在螺纹上的旧密封胶和机油。

b. 将位置开关安装到变速驱动桥箱上。拧紧位置开关至规定扭矩。加注齿轮油。

c. 安装后检查，检查位置开关端子之间的导通性。检查机油有无泄漏和油位。

（3）拆卸和安装离合器

① 离合器的维修注意事项。

a. 清洁离合器盘后，用吸尘器清扫一遍。切勿使用压缩空气。

b. 切勿重复使用排出的离合器液。切勿使车身或其他零件的油漆表面沾上离合器液。如果溢出离合器液，则立即擦拭并用水清洗受影响的区域。

c. 切勿使用汽油或煤油等矿物油，否则会损坏液压系统中的橡胶零件。

d. 切勿重复使用 CSC（同心从动缸）。切勿分解离合器主缸和同心从动缸。

② 拆卸离合器（图 8-1-7）。

a. 拆下变速驱动桥总成。抓住离合器盖，拆下离合器盖装配螺栓。

注意：切勿使离合器盘掉落。

b. 拆下离合器盖和离合器盘。

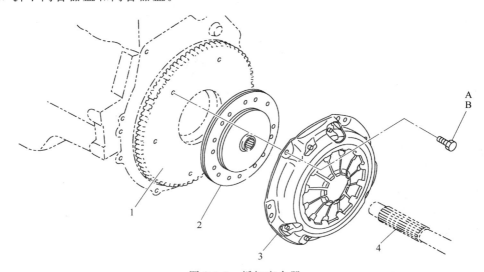

图 8-1-7 拆卸离合器

1—飞轮；2—离合器盘；3—离合器盖；4—输入轴；A—第一步；B—最后一步

③ 安装离合器。

a. 清洁离合器盘和输入轴花键，除去润滑脂和因磨损而产生的粉末。在离合器盘 1 和输入轴 2 花键区域 A 涂抹润滑脂（图 8-1-8）。

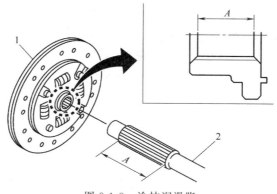

图 8-1-8 涂抹润滑脂

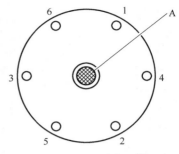

图 8-1-9　对孔校正器
1～6—安装顺序

注意：务必在规定点处涂抹润滑脂。否则，离合器可能会产生噪声、分离不良或损坏。过多润滑脂可能会导致打滑或抖动。如果润滑脂黏着在同心从动缸的密封件上，则会导致离合器液泄漏。清除多余的润滑脂。清除零件上渗出的润滑脂。

b. 用离合器对孔校正器 A（图 8-1-9）安装离合器盘。

c. 安装离合器盖，然后暂时拧紧离合器盖装配螺栓。按顺序分两步均匀拧紧离合器盖装配螺栓至规定扭矩。

8.1.4　手动变速器的绿色故障诊断

（1）离合器打滑

车速不能随发动机的提速做出正确反应；上坡时无动力。离合器打滑检查流程如图 8-1-10 所示。

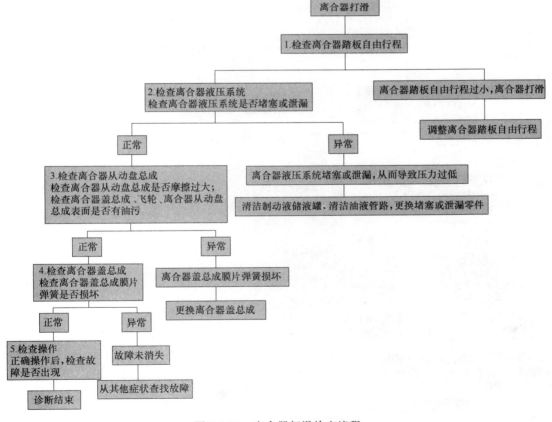

图 8-1-10　离合器打滑检查流程

（2）换挡困难

换挡过程中齿轮有噪声。换挡困难检查流程如图 8-1-11 所示。

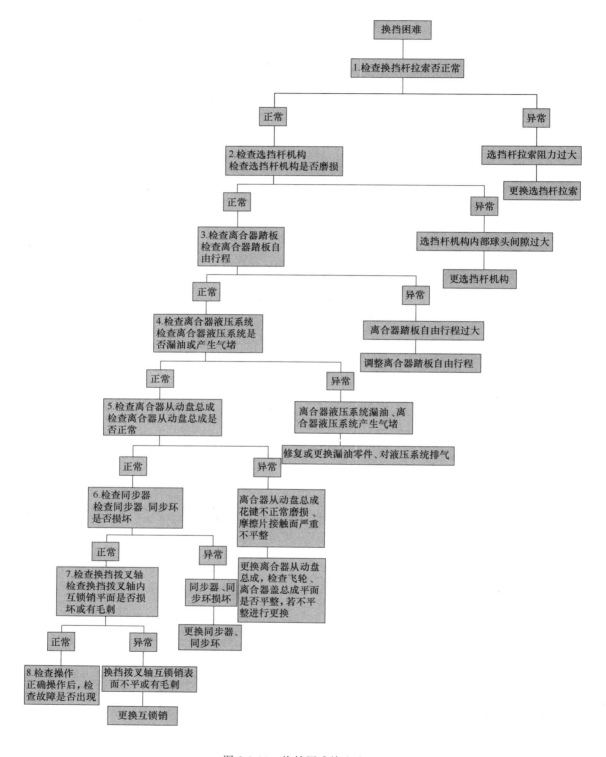

图 8-1-11　换挡困难检查流程

（3）变速箱内部噪声过大或异常

变速箱内部噪声过大或异常检查流程如图 8-1-12 所示。

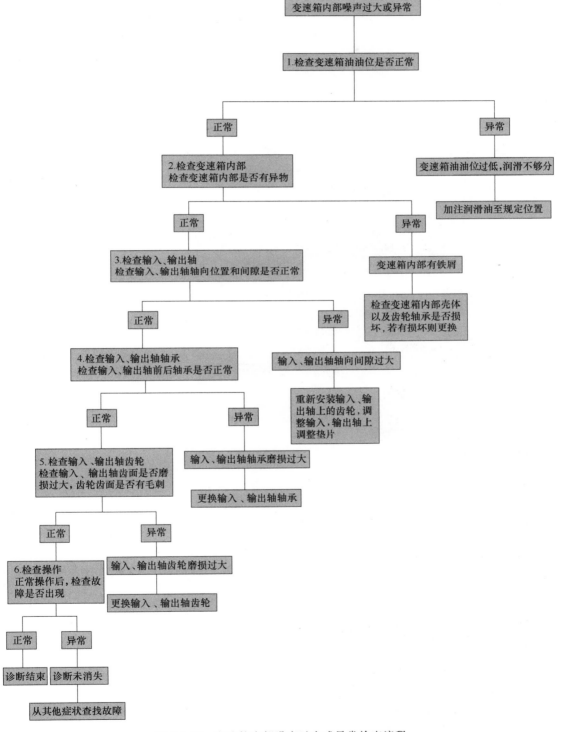

图 8-1-12　变速箱内部噪声过大或异常检查流程

（4）变速箱差速器油封渗油
变速箱差速器油封渗油检查流程如图 8-1-13 所示。

图 8-1-13　变速箱差速器油封渗油检查流程

（5）变速箱内部轴承非正常磨损
变速箱内部轴承非正常磨损检查流程如图 8-1-14 所示。
（6）离合器有噪声或异响
离合器有噪声或异响检查流程如图 8-1-15 所示。
（7）车辆在行驶过程中出现脱挡现象
车辆在行驶过程中出现脱挡现象检查流程如图 8-1-16 所示。

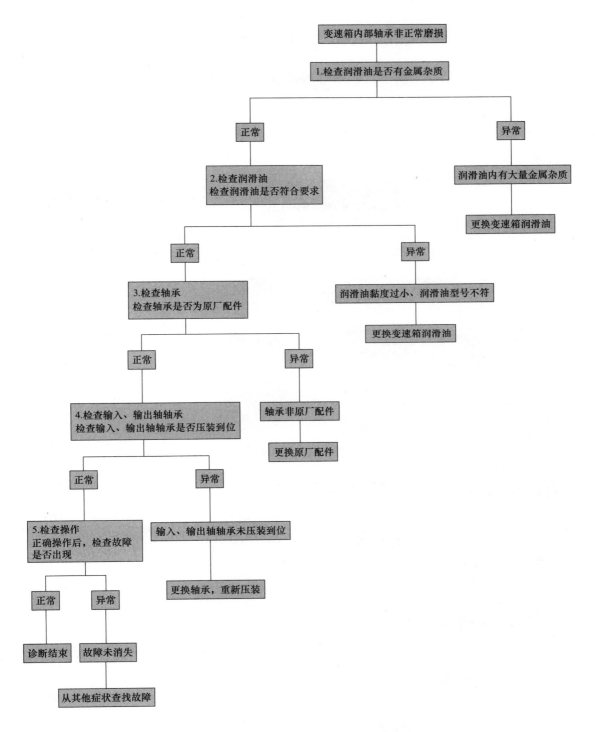

图 8-1-14　变速箱内部轴承非正常磨损检查流程

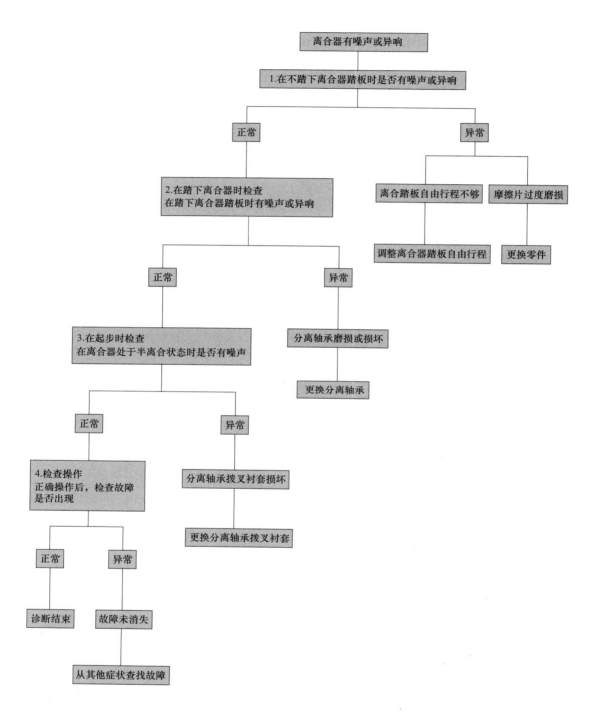

图 8-1-15 离合器有噪声或异响检查流程

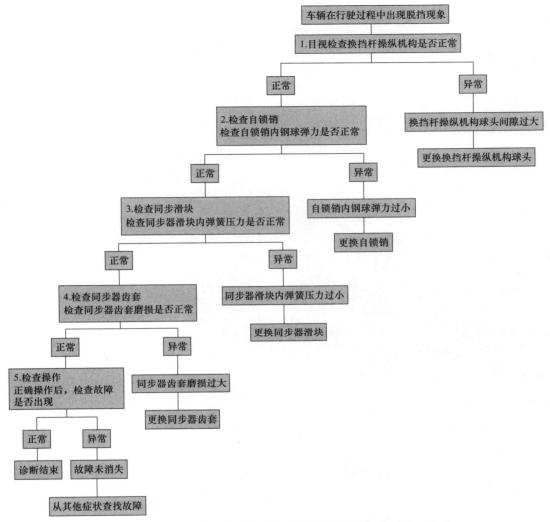

图 8-1-16 车辆在行驶过程中出现脱挡现象检查流程

8.2 自动变速器的绿色维修与故障诊断

8.2.1 自动变速器的概述

自动变速器（图 8-2-1）由液力变矩器系统和齿轮式自动变速器系统组成。一般部件有液力变矩器、行星齿轮机构、离合器、制动器、油泵、滤清器、控制阀体、ATF 油冷却器等；按部件功能划分，可分为液力变矩器、变速机构、供油系统、ATF 油冷却系统、自动换挡控制系统和换挡操纵机构六大部分。

8.2.2 自动变速器的绿色维修

（1）拆卸和安装液力变矩器油封
① 拆卸液力变矩器油封。

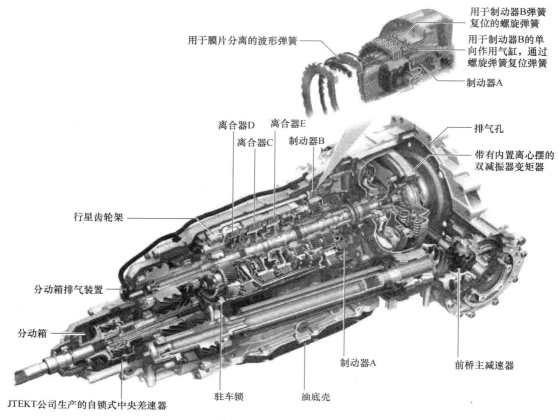

用于膜片分离的波形弹簧

用于制动器B弹簧
复位的螺旋弹簧

用于制动器B的单
向作用气缸，通过
螺旋弹簧复位弹簧

制动器A

离合器D　离合器E

离合器C　　制动器B

排气孔

带有内置离心摆的
双减振器变矩器

行星齿轮架

分动箱排气装置

分动箱

JTEKT公司生产的自锁式中央差速器

驻车锁

油底壳

制动器A

前桥主减速器

图 8-2-1　自动变速器

a. 拆卸自动变速箱总成，拆卸液力变矩器总成（图 8-2-2）。

b. 如图 8-2-3 所示，用油封拆卸工具 1 拆卸液力变矩器油封。

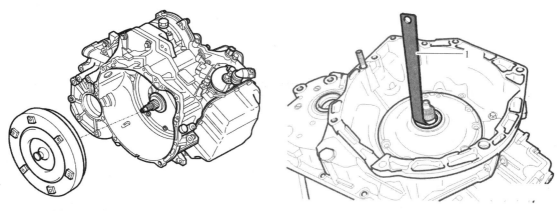

图 8-2-2　拆卸液力变矩器总成

图 8-2-3　拆卸液力变矩器油封

注意：小心不要损坏输入轴；小心不要损坏油泵。

② 安装液力变矩器油封。

a. 用液力变矩器油封安装工具 1 和橡胶锤配合使用，安装液力变矩器油封（图 8-2-4）。

注意： 安装时，油封不可歪斜。小心不要损坏输入轴。给油封密封唇涂抹润滑脂。将液力变矩器轮毂小心地穿过油封并推到第一个限位位置。

b. 把液力变矩器用力地向变速器方向转动，直至液力变矩器轮毂（图 8-2-5 中箭头）的开口卡止在泵轮的从动盘中，并可以感觉到液力变矩器向内滑入。

图 8-2-4　安装液力变矩器油封

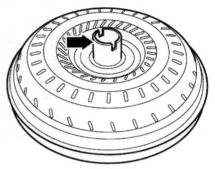

图 8-2-5　安装液力变矩器

注意： 小心不要损坏油封；小心不要掉落液力变矩器；小心不要夹到手指。

c. 安装液力变矩器后，如图 8-2-6 所示，测量液力变矩器六个螺栓安装孔至离合器壳体的距离 a 必须相同（$a=20.2\mathrm{mm}$）。

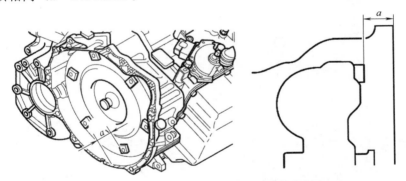

图 8-2-6　测量液力变矩器至离合器壳体的距离

注意： 如果液力变矩器未正确安装，行车运转时，会导致液力变矩器或 ATF 油泵从动盘毁坏。

（2）拆卸与安装多功能开关

① 拆卸多功能开关。

a. 将换挡杆置于"N"挡，关闭点火开关，拆卸空气滤清器，按压换挡拉线锁止机构 3，将换挡拉线 1 从底座 5 中向上拉出（图 8-2-7）。

b. 将换挡拉线 1 从换挡臂 2 上用开口扳手顶开，不要弯折换挡拉线，脱开多功能开关的电气插头 4。

c. 拧下固定螺母 1（图 8-2-8），将弹簧垫圈 2 和换挡臂 3 从换挡轴 4 上取下。

d. 如图 8-2-9 所示，用螺丝刀将防松垫片 2 的卡钩小心地扳回原位。如果卡钩折断，应更换防松垫片。

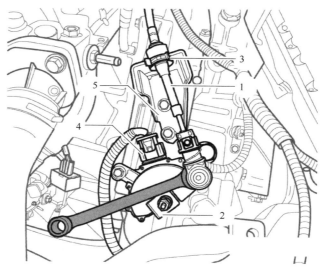

图 8-2-7　拆卸换挡拉线

e. 拧下螺母 1，取下防松垫片 2 和垫圈 3。

f. 拧出螺栓 5，将多功能开关 4 从换挡轴 6 上取出。

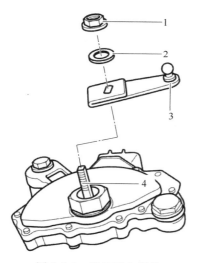

图 8-2-8　拆卸固定螺母

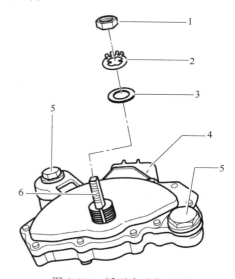

图 8-2-9　拆下多功能开关

② 安装多功能开关。如图 8-2-9 所示，按以下步骤操作。

a. 将多功能开关 4 安装在换挡轴 6 上。用手旋入多功能开关的螺栓 5。将垫圈 3 安装到多功能开关上。把带有导向槽的防松垫片 2 装入定位槽中。

b. 将螺母 1 拧紧，拧紧力矩为（7±1）N·m。

c. 将防松垫片 2 的卡钩撬回原位，将螺母 1 锁定。如果防松垫片卡钩折断，则更换防松垫片。

如图 8-2-8 所示，按以下步骤操作：

a. 调整结束后，将换挡臂 3 安装到换挡轴 4 上。将弹簧垫圈 2 和固定螺母 1 安装到换挡轴 4 上。将固定螺母 1 拧紧。螺母拧紧力矩为（17±1）N·m。

b. 检查换挡操纵机构，安装空气滤清器。

③ 调整多功能开关。

注意： 换挡杆拉线已从换挡臂上拆下；换挡轴置于"N"挡；多功能开关的固定螺栓已松开；换挡臂已拆下。

a. 将多功能开关调整工具 1 安装到多功能开关 2 上，转动多功能开关，直至多功能开关调整工具上的调整线与多功能开关上的调整线（图 8-2-10 中箭头）完全对齐。

b. 旋紧多功能开关的固定螺栓。螺栓拧紧力矩为 (25 ± 5)N·m。

c. 拆下调整工具，安装换挡臂和换挡拉线，安装空气滤清器。

（3）拆卸和安装滑阀箱

① 拆卸滑阀箱。

a. 拆卸变速箱，拆卸多功能开关，拆卸滑阀箱盖罩。

b. 制作所有电磁阀及相应电气插头的草图（图 8-2-11）。脱开电磁阀的插头连接前，需对电磁阀及所属插头做上标记（图 8-2-11 中箭头）。

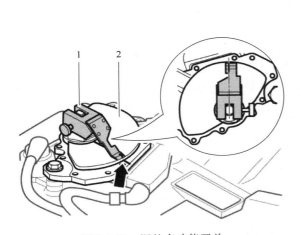

图 8-2-10　调整多功能开关

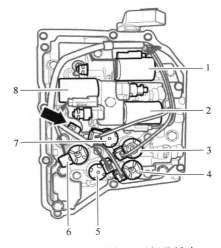

图 8-2-11　滑阀箱电磁阀及插头

1—锁止离合器控制电磁阀；2—换挡油压控制电磁阀；
3～7—换挡电磁阀；8—油温传感器

注意： 制作草图标识是必要的，避免安装滑阀箱时混淆电磁阀插头。混淆电磁阀插头可能会造成变速箱故障。

c. 用小螺丝刀撬开电磁阀插头（图 8-2-12 中箭头）的固定凸耳，拔下插头。

d. 旋出固定螺栓 1，将 ATF 油温传感器 2 连同定位架一起拔出，取出 13 芯线束。

e. 以交叉的方式松开滑阀箱固定螺栓（图 8-2-13 中箭头），把滑阀箱向外拉出。

注意： 拆卸滑阀箱固定螺栓时，需在螺栓上做出标识。因为螺栓的长短各不相同，只允许拆卸已做标识的固定螺栓。拆卸不必要的螺栓，会影响滑阀箱的性能或导致滑阀箱解体。

f. 取出滑阀箱时，需脱开换挡轴的定位卡钩（图 8-2-14 中箭头）。

g. 取下滑阀箱后，需注意两个油道密封圈（图 8-2-15 中箭头），防止掉入变速箱内。

② 安装滑阀箱。安装大体以倒序进行，同时注意下列事项。

a. 更换密封圈，清理各个密封面的残余密封胶。

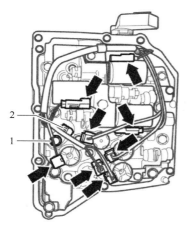

图 8-2-12 拔出电磁阀插头

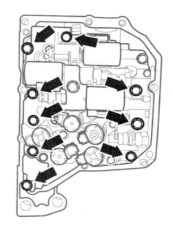

图 8-2-13 松开滑阀箱固定螺栓

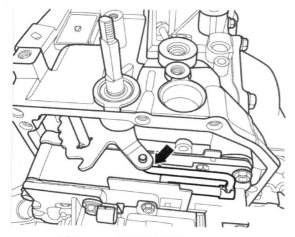

图 8-2-14 脱开换挡轴的定位卡钩

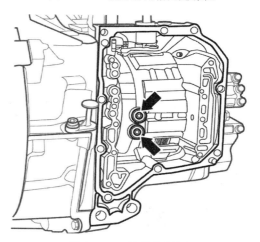

图 8-2-15 油道密封圈

b. 更换所有用于固定滑阀箱的固定螺栓，注意螺栓长度。

c. 安装电磁阀的电气插头，安装滑阀箱盖罩，安装多功能开关，安装变速箱。

d. 加注 ATF 油，连接车辆诊断仪对变速箱进行基本设定。

（4）拆卸和安装输入转速传感器

① 拆卸输入转速传感器。

a. 断开蓄电池负极接线，拆卸空气滤清器。

b. 如图 8-2-16 所示，脱开转速传感器的电气插头 1，旋出传感器的固定螺栓（箭头）。螺栓拧紧力矩为（6±1）N·m。

c. 取出输入转速传感器。

② 安装输入转速传感器。安装大体以倒序进行，同时注意：更换 O 形密封圈。

（5）拆卸和安装输出转速传感器

① 拆卸输出转速传感器。

a. 关闭点火开关，断开蓄电池负极接线。

b. 如图 8-2-17 所示，拆卸空气滤清器，脱开转速传感器的电气插头 1，旋出传感器的固定螺栓（箭头）。螺栓拧紧力矩（6±1）N·m。

c. 取出输出转速传感器。

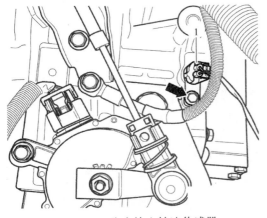

图 8-2-16　取出输入转速传感器

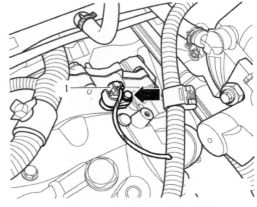

图 8-2-17　取出输出转速传感器

② 安装输出转速传感器。安装步骤以拆卸的相反顺序进行，同时注意更换 O 形密封圈。

8.2.3　自动变速箱的绿色诊断

（1）电磁阀 S1 开路对电源短路

① 进行试车，检查故障指示灯是否点亮，是否有 P097400、P097300 故障码出现。若有故障码，则进行下一步检查。若没有故障码，则为偶发性故障，系统正常。检查各插头连接是否有松动。

② 检查熔丝 EF9 （15A）、EF29 （10A）、F37 （15A）、F39 （10A） 是否正常。是，进行下一步检查；否，更换熔丝。

③ 断开变速箱控制单元的插头连接。

④ 检查变速箱控制单元插头电源和接地是否正常。是，进行下一步检查；否，维修导线故障。

⑤ 断开变速箱滑阀箱插头连接。

⑥ 用万用表检查变速箱控制单元插头 AT07 的 16 端子与滑阀箱插头的 AT12 的 16 端子是否导通 （图 8-2-18）。是，更换变速箱控制单元；否，维修导线故障。

⑦ 更换变速箱控制单元后进行试车，如果仍有故障码出现，则更换自动变速箱总成。

（2）油温传感器对地短路

① 连接车辆诊断仪，清除故障码。

② 进行试车，检查故障指示灯是否点亮，是否有 P071200、P071300、P071100 故障码出现。若有故障码，则进行下一步检查。若没有故障码，则为偶发性故障，系统正常。检查各插头连接是否有松动。

③ 检查熔丝 EF9 （15A）、EF29 （10A）、F37 （15A）、F39 （10A） 是否正常。是，进行下一步检查；否，更换熔丝。

④ 断开变速箱控制单元的插头连接。

⑤ 检查变速箱控制单元插头电源和接地是否正常。是，进行下一步检查；否，维修导线故障。

⑥ 断开变速箱滑阀箱插头连接。

⑦ 用万用表检查变速箱控制单元插头 AT07 的 11 端子与滑阀箱插头的 AT12 的 2 端子、AT07 的 12 端子与 AT12 的 1 端子是否导通 （图 8-2-19）。是，更换变速箱控制单元；否，维修导线故障。

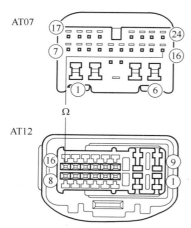

图 8-2-18　检查线路是否导通（一）

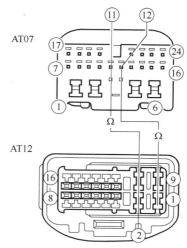

图 8-2-19　检查线路是否导通（二）

⑧ 更换变速箱控制单元后进行试车，如果仍有故障码出现，则更换自动变速箱总成。

（3）输出轴转速传感器失效

① 连接车辆诊断仪，清除故障码。

② 进行试车，检查故障指示灯是否点亮，是否有 P072000、P072200 故障码出现。若有故障码，则进行下一步检查。若没有故障码，则为偶发性故障，系统正常。检查各插头连接是否有松动。

③ 检查熔丝 EF9（15A）、EF29（10A）、F37（15A）、F39（10A）是否正常。是，进行下一步检查；否，更换熔丝。

④ 断开变速箱控制单元的插头连接。

⑤ 检查变速箱控制单元插头电源和接地是否正常。是，进行下一步检查；否，维修导线故障。

⑥ 断开输出轴转速传感器的插头连接。

⑦ 用万用表检查变速箱控制单元插头 AT08 的 14 端子与输出轴转速传感器插头的 AT10 的 2 端子、AT08 的 5 端子与 AT10 的 1 端子是否导通（图 8-2-20）。是，进行下一步检查；否，维修导线故障。

用万用表检查输出轴转速传感器的两个端子是否导通（图 8-2-21）。是，进行下一步检查。否，更换输出轴转速传感器。

更换输出轴转速传感器后进行试车，如果仍有故障码出现，则更换自动变速箱控制单元。

（4）输入轴转速传感器失效

① 连接车辆诊断仪，清除故障码。

② 进行试车，检查故障指示灯是否点亮，是否有 P071500、P071700 故障码出现。若有故障码，则进行下一步检查。若没有故障码，则为偶发性故障，系统正常。检查各插头连接是否有松动。

③ 检查熔丝 EF9（15A）、EF29（10A）、F37（15A）、F39（10A）是否正常。是，进行下一步检查；否，更换熔丝。

④ 断开变速箱控制单元的插头连接。

⑤ 检查变速箱控制单元插头电源和接地是否正常。是，进行下一步检查；否，维修导线故障。

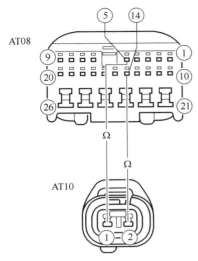

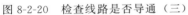

图 8-2-20　检查线路是否导通（三）

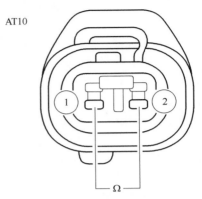

图 8-2-21　检查输出轴转速传感器是否导通

⑥ 断开输入轴转速传感器的插头连接。

⑦ 用万用表检查变速箱控制单元插头 AT08 的 16 端子与输入轴转速传感器插头的 AT09 的 2 端子、AT08 的 6 端子与 AT09 的 1 端子是否导通（图 8-2-22）。是，进行下一步检查；否，维修导线故障。

⑧ 用万用表检查输入轴转速传感器的两个端子是否导通（图 8-2-23）。是，进行下一步检查；否，更换输入轴转速传感器。

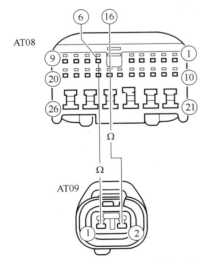

图 8-2-22　检查线路是否导通（四）

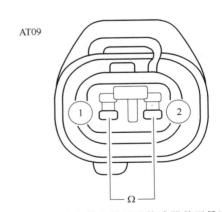

图 8-2-23　检查输入轴转速传感器是否导通

⑨ 更换输入轴转速传感器后进行试车，如果仍有故障码出现，则更换自动变速箱控制单元。

（5）换挡故障

① 连接车辆诊断仪，清除故障码。

② 进行试车，检查故障指示灯是否点亮，是否有 P078000 故障码出现。若有故障码，则进行下一步检查。若没有故障码，则为偶发性故障，系统正常，检查各插头连接是否有松动。

③ 检查熔丝 EF9（15A）、EF29（10A）是否正常。是，进行下一步检查；否，更换熔丝。

④ 断开变速箱控制单元的插头连接。

⑤ 检查变速箱控制单元插头电源和接地是否正常。是，更换变速箱控制单元；否，维修导线故障。

⑥ 更换变速箱控制单元后进行试车，如仍有故障码出现，则更换变速箱总成。

（6）汽车不能行驶

汽车不能行驶检查流程如图 8-2-24 所示。

（7）失速测试

① 失速测试介绍。通过测试"D"挡与"R"挡的失速转速，检查自动变速器的液力变矩器、齿轮机构以及发动机的整体性能。失速测试是检查发动机、液力变矩器及自动变速器中有关换挡执行元件的工作是否正常的一种方法。

② 失速测试步骤。

注意：在油液正常温度（50～80℃）下进行。

关闭空调和灯光等用电设备。测试持续时间不得超过 5s。测试时车辆前后不允许有人。确保行车制动与驻车制动可靠，四个车轮前后放置三角木稳固。

a. 将汽车停放在宽阔的水平地面上，前后车轮用三角木块塞住。

b. 启动发动机，使油温运行至正常工作温度。

c. 拉紧驻车制动，左脚用力踩住制动踏板。

d. 将换挡操纵机构总成切换至"D"挡／"R"挡。

e. 在左脚踩住制动踏板的同时，用右脚将油门踏板踩到底，当发动机转速不再升高时，迅速读取此时的发动机转速。参考值：（2343±150)r/min。

f. 读取发动机转速后，立即松开油门踏板。

g. 将换挡操纵机构总成切换至"D"挡／"R"挡位置，让发动机怠速运转 1min，以防止自动变速器油因温度过高而变质。

注意：在一个挡位的测试完成之后，切勿立即进行下一个挡位的测试，待油温下降之后再进行。测试结束后不要立即熄火，应将换挡操纵机构总成切换至"D"挡／"R"挡，让发动机怠速运转几分钟，以便让自动变速器油温度降至正常。如果在测试中发现驱动轮因制动力不足而转动，应立即松开油门踏板，停止测试。

③ 测试结果分析（表 8-2-1）。

表 8-2-1　测试结果分析

故障现象	故障原因
"D"挡和"R"挡时的转速值小于标准值	（1）发动机动力不足
	（2）T/C 单向离合器打滑
只有"D"挡时的转速值大于标准值	（1）低管路压力
	（2）C1 离合器打滑
	（3）单向离合器（F3）故障
只有"R"挡时的转速值大于标准值	（1）低管路压力
	（2）C3 离合器故障（打滑）
	（3）B4 制动器故障（打滑）
	（4）单向离合器（F1）故障
"D"挡和"R"挡时的转速值大于标准值	（1）低管路压力
	（2）油路漏油

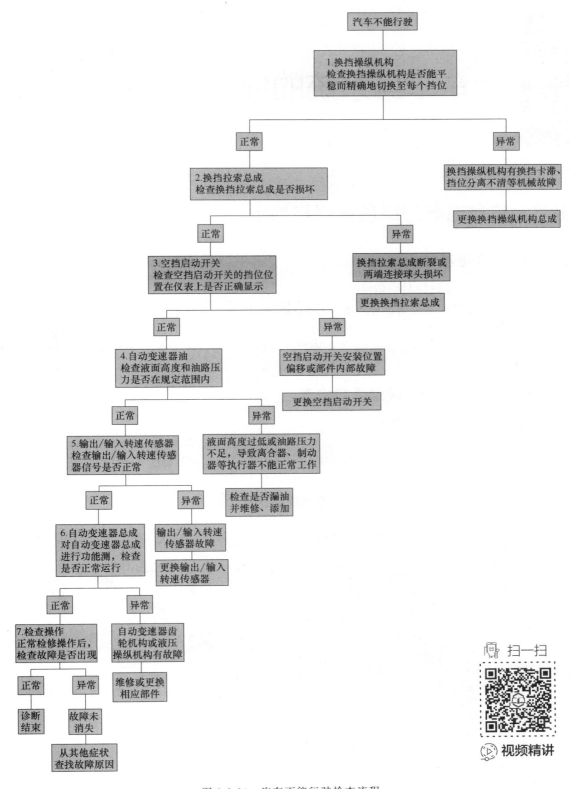

图 8-2-24　汽车不能行驶检查流程

第9章 汽车车身系统的绿色维修技术

9.1 车身电器的绿色维修与检查

9.1.1 车身电器的组成

常见汽车电气系统设备的组成如下。

① 照明信号设备：包括各种照明灯和信号灯以及喇叭、蜂鸣器等。

② 仪表：主要有燃油表、机油压力表、水温表、车速表。

③ 辅助设备：包括风窗刮水及清洗装置、风窗除霜装置、空调、音响、中控锁、电动窗、电动后视镜等。

9.1.2 外部灯光及开关维修与检查

（1）拆卸和安装组合开关

① 拆卸组合开关。关闭点火开关及所有用电器，拔出点火钥匙。拆卸方向盘，将方向盘调整到最低位置并锁定。拆卸转向管柱护罩。断开组合开关插头及时钟弹簧插头1（图9-1-1）。

旋出固定螺栓（箭头）（图9-1-2），取出组合开关。

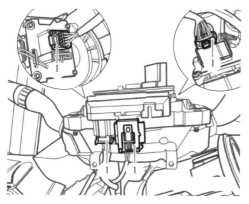

图9-1-1 断开组合开关插头及时钟弹簧插头

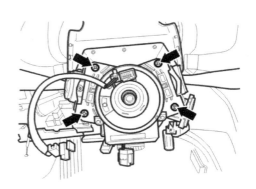

图9-1-2 旋出固定螺栓

② 安装组合开关。安装以倒序进行。

（2）检测灯光开关

① 通过图9-1-3对灯光开关进行检测。

② 将万用表设置到"电阻挡"进行测试。

③ 测量照明灯开关，将开关设置到"LED 位置灯"挡，第 1 针脚与第 6 针脚导通。

④ 测量大灯开关，将开关设置到"大灯开关"挡，第 1 针脚与第 5 针脚导通。

⑤ 测量大灯自动挡，将开关设置到"大灯自动"挡，第 1 针脚与第 4 针脚导通。

⑥ 测量变光灯开关，将灯光开关设置到"变光灯"挡，测量第 9 针脚与第 11 针脚之间的电阻值，标准值为 1.2kΩ。

⑦ 测量远光灯开关，将灯光开关设置到"远光灯"挡，测量第 9 针脚与第 11 针脚之间的电阻值。标准值为 0.3kΩ。

⑧ 测量转向灯开关，将转向灯设置到左转向时，开关第 11 针脚与第 12 针脚导通；设置右转向时，第 10 针脚与第 11 针脚导通。

⑨ 测量前雾灯开关，将开关设置到"前雾灯"挡，第 1 针脚与第 3 针脚导通。

⑩ 测量后雾灯开关，将开关设置到"后雾灯"挡，开关的第 1 针脚与第 2 针脚导通。

（3）检测危急警告灯开关

① 通过图 9-1-4 对危急警告灯开关进行检测。

② 脱开插头连接，打开危急警告灯开关。

③ 测量第 4 针脚与第 5 针脚应导通。

④ 关闭危急警告灯开关，测量第 4 针脚与第 5 针脚应不导通。

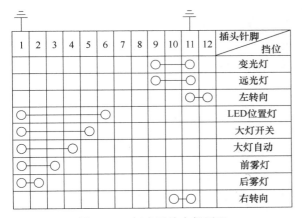

1	2	3	4	5	6	7	8	9	10	11	12	插头针脚\挡位
								○		○		变光灯
								○		○		远光灯
										○	○	左转向
○					○							LED位置灯
○				○								大灯开关
○			○									大灯自动
○		○										前雾灯
○	○											后雾灯
									○	○		右转向

图 9-1-3　灯光开关内部原理

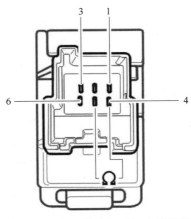

图 9-1-4　危急警告灯开关内部原理

（4）检测大灯高度调节开关（手动）

① 通过图 9-1-5 对大灯高度调节开关进行检测。

② 脱开大灯高度调节开关插头，开关设置到"0"挡，测量第 3 针脚与第 4 针脚导线电阻值，应为 5.1kΩ。

③ 将开关设置到"1"挡，测量第 3 针脚与第 4 针脚导线电阻值，应为 2.2kΩ。

④ 将开关设置到"2"挡，测量第 3 针脚与第 4 针脚导线电阻值，应为 1.69kΩ。

⑤ 将开关设置到"3"挡，测量第 3 针脚与第 4 针脚导线电阻值，应为 1.3kΩ。

⑥ 若打开 LED 位置灯，大灯高度调节开关照明灯未点亮，表明开关内部有故障。

⑦ 若在任何一个挡位，电阻值都为无穷大，则为开关故障，

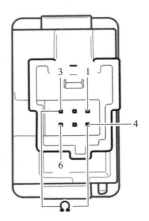

图 9-1-5　大灯高度调节开关（手动）内部原理

应更换开关。

9.1.3　车窗刮水和清洗装置维修与检查

（1）拆卸和安装刮水电机总成

① 拆卸刮水电机总成。

a. 关闭点火开关及所有用电器，拔出点火钥匙。拆卸刮水器臂。拆卸刮水盖板。

b. 旋出固定螺栓（箭头），拉出刮水电机（图 9-1-6）。

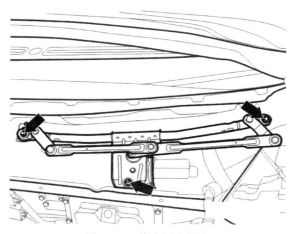

图 9-1-6　旋出固定螺栓

c. 断开连接插头 1，取出刮水电机（图 9-1-7）。

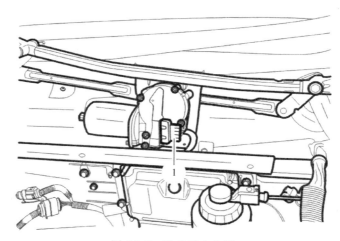

图 9-1-7　取出刮水电机

② 安装刮水电机总成。安装以倒序进行。

（2）拆卸和安装刮水电机

① 拆卸刮水电机。

a. 拆卸刮水电机总成。

b. 连接刮水电机总成插头，使其运转到停止位置。断开插头连接，拆下连接杆 1 和 2（图 9-1-8）。

c. 旋出固定螺栓（箭头），拆卸固定螺栓时，不得转动曲柄杆 1（图 9-1-9）。

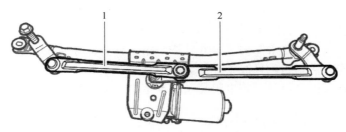

图 9-1-8　断开插头连接

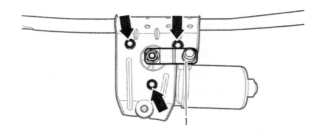

图 9-1-9　拆卸固定螺栓

扫一扫

视频精讲

d. 倾斜刮水电机 1 并将其取出（图 9-1-10）。

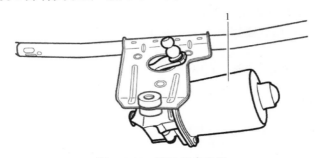

图 9-1-10　取出刮水电机

② 安装刮水电机。重新安装时，检查曲柄 1 的中心线是否与刮水电机上箭头所指处的凸台中心线对齐（图 9-1-11）。

其他安装以倒序进行。

（3）检测雨刮开关

① 通过图 9-1-12 对前排顶灯进行检测。

② 将万用表设置到"二极管通断"进行测试。

③ 雨刮开关设置到"MIST"挡，测量雨刮开关，第 7 针脚与第 8 针脚、第 8 针脚与第 9 针脚应导通。

④ 雨刮开关设置到"INT"挡，测量雨刮开关，第 8 针脚与第 10 针脚、第 7 针脚与第 8 针脚应导通，此时测量"间歇"挡电阻，开关第 8 针脚与第 10 针脚之间电阻值分别为：无穷大、1.2kΩ、0.3kΩ、0。

⑤ 雨刮开关设置到"LO"挡，测量雨刮开关，第 7 针脚与第 8 针脚、第 8 针脚与第 9

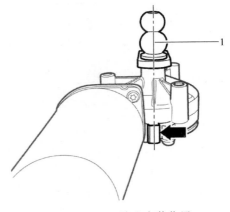

图 9-1-11　检查安装位置

针脚应导通。

⑥ 雨刮开关设置到"HI"挡，第 8 针脚与第 9 针脚应导通。

⑦ 雨刮开关设置到"喷水"挡，第 6 针脚与第 8 针脚应导通。

⑧ 测量时，若有任意两条导线不导通，表明雨刮开关有故障。

⑨ 测量"间歇"挡电阻时，若电阻超出标准范围，表明雨刮开关有故障。

1	2	3	4	5	6	7	8	9	10	针脚＼挡位
						○	○	○		MIST
										OFF
						○	○		○	INT
						○	○	○		LO
							○	○		HI
					○		○			喷水

图 9-1-12　雨刮开关内部原理

9.1.4　仪表板

（1）拆卸仪表总成

① 关闭点火开关及所有用电器，拔出点火钥匙。将转向管柱调整到最低位置并锁定。沿（箭头 A）方向撬出转向管柱护罩连接盖板 1；沿箭头 B 方向拔出连接饰板 2，取出转向管柱护罩上盖总成（图 9-1-13）。

② 旋出固定螺钉（箭头）（图 9-1-14）。

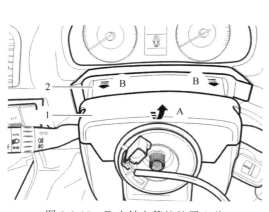

图 9-1-13　取出转向管柱护罩上盖

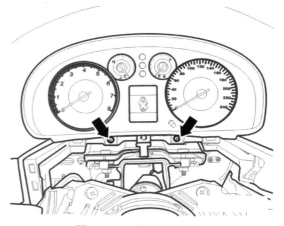

图 9-1-14　旋出固定螺钉

③ 使用拆卸楔 2 插入组合仪表上部，沿箭头 A 方向撬动仪表总成 1；使用尖嘴钳 3 夹紧组合仪表中部预留孔，沿箭头 B 方向拔出仪表总成 1（图 9-1-15）。

④ 如图 9-1-16 所示，按下卡扣 1，沿箭头方向松开锁止卡子，脱开插头连接，取出组合仪表。

（2）安装组合仪表

安装以倒序进行，同时注意下列事项：执行检查组合仪表所有部件的功能；安装后进行控制单元匹配。

图 9-1-15 取出仪表总成

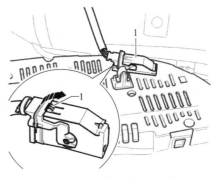

图 9-1-16 脱开插头连接

9.1.5 电动门窗

（1）拆卸和安装前门玻璃

① 拆卸前门玻璃。

a. 拆卸前门饰板。拆卸 B 柱饰板。拆卸扬声器。拆卸防水膜，降低车窗玻璃直至可以从开孔中看到前门玻璃的夹紧螺栓（箭头）（图 9-1-17）。旋出螺栓。螺栓拧紧力矩：（8.0±1.6）N·m。

b. 升起车窗玻璃 1 的后部，并将其沿箭头方向从外侧导向槽密封条中取出（图 9-1-18）。

② 安装前门玻璃。将车窗玻璃 1 沿箭头 A 方向装入外侧导向槽密封条中，注意车窗玻璃是否已正确装入外侧导向槽密封条中；将车窗玻璃 1 沿箭头 B 方向推，要顺畅地装入（图 9-1-19）。

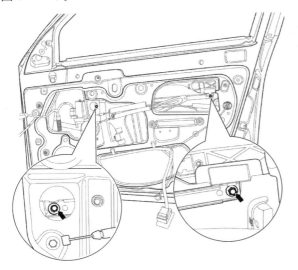

图 9-1-17 旋出螺栓

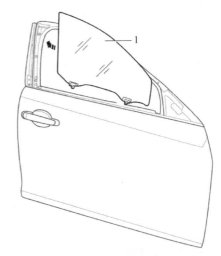

图 9-1-18 取出车窗玻璃

其他步骤以倒序进行。在安装车门饰板之前进行功能检查。

（2）拆卸和安装车窗升降器总成

① 拆卸车窗升降器总成。拆卸前门玻璃。脱开插头连接 2。旋出固定螺栓 3。螺栓拧紧

力矩：(8.0±1.6)N·m。取出车窗升降器总成 1（图 9-1-20）。

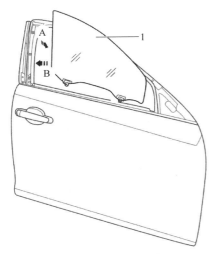

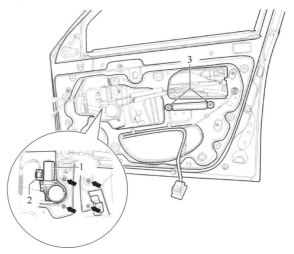

图 9-1-19　安装前门玻璃　　　　　　　　图 9-1-20　取出车窗升降器总成

② 安装车窗升降器总成。安装以倒序进行，同时注意在安装车门饰板之前进行功能检查。

9.1.6　电动天窗

（1）拆卸滑动天窗电机总成

关闭点火开关及所有电器，拔出点火钥匙。拆卸顶栅。拔出天窗电机的连接插头 2，旋出天窗电机的固定螺钉（箭头），取出天窗电机 1（图 9-1-21）。

（2）安装滑动天窗电机总成

安装以倒序进行，同时注意下列事项：用于固定天窗电机的螺栓带有密封胶，拆下后必须更换；安装后进行安全检查。

（3）调整滑动天窗的天窗电机

如果天窗电机不是在关闭时拆卸的，或者已通过紧急操作装置打开或关闭滑动天窗，则需要进行调整。

天窗电机拆下后仍连接有电线。

通过天窗开关选择"天窗已打开""天窗已外翻""天窗已关闭"。

关闭滑动天窗的玻璃后，在此位置安装天窗电机。

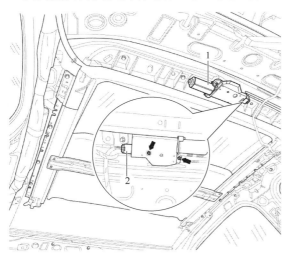

图 9-1-21　拆卸天窗电机

9.1.7　保护系统

（1）保护系统概述

汽车安全气囊系统是汽车上最重要的辅助保护安全性系统，与座椅安全带配合使用。可以为乘员提供十分有效的防撞保护。汽车发生碰撞，剧烈程度小于规定时，安全气囊不工作。

当汽车发生激烈碰撞且其碰撞强度超过限定值时，气囊电控单元会迅速接通相应气囊的点火电路，点燃气囊中的气体发生器，气体发生器产生大量的气体迅速将气囊充气展开。当撞击发生后，气囊随即自动放气，它不会妨碍车内人员逃出，也不会影响他们的视线。在电子控制单元内部还装有储备电源，防止在发生碰撞的瞬间，即使电源被切断仍然可以点燃气囊中的"药粉"，同时碰撞触发装置可连续自动监控，确保整个系统在任何时候都处于准备工作状态（图 9-1-22）。

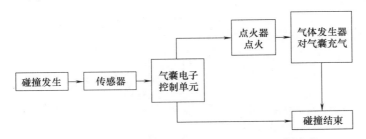

图 9-1-22　安全气囊碰撞触发（碰撞强度超过限定值）

① 安全带。

a. 预张紧器机构。如图 9-1-23 所示，发生超出规定极限的正面碰撞时，安全气囊传感器单元会检测到碰撞，并将电气信号发送至歧管箱中的气体发生器 3，然后激活气体发生器。随后产生气体。产生的气体压力移动管 6 中的球 4。随后球按压与小齿轮 1 接合的齿圈 2。齿圈的转动带动轴 5 朝安全带收缩的方向转动，安全带收缩。

b. 载荷限制器（ELR）机构。如图 9-1-24 所示，在碰撞中，当 ELR 轴 2 锁止时，因冲击产生的载荷作用在织带 1 上。当载荷持续作用在织带上并达到或超过规定值时，转动力会作用在与锁止部位 4 和线筒 3 接合在一起的 ELR 轴上，ELR 轴扭转。

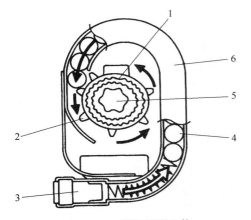

图 9-1-23　预张紧器机构

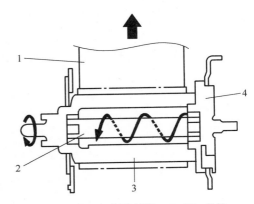

图 9-1-24　载荷限制器（ELR）机构

c. 腰部预张紧器机构。如图 9-1-25 所示，发生超出规定极限的正面碰撞时，安全气囊传感器单元会检测到碰撞，并将电气信号发送至管中的气体发生器 1，然后激活气体发生器，随后产生气体。产生的气体压力使管中的活塞向管前方移动，同时收缩导线。

腰部固定器安装在导线端部且连接至安全带端部。因此，导线会收缩安全带。

活塞停止时，集成在活塞中的离合器机构防止活塞朝原方向移动。因此，导线和腰部固定器都会保持收缩状态。

② 安全气囊。

a. 驾驶员安全气囊模块。驾驶员安全气囊模块内置在方向盘中。驾驶员安全气囊模块

扫一扫

视频精讲

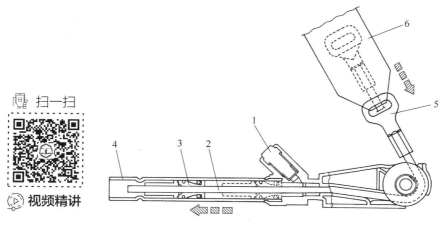

图 9-1-25　腰部预张紧器机构
1—气体发生器；2—导线；3—活塞；4—管；5—腰部固定器；6—安全带

主要包括安全气囊 1 和给安全气囊充气的充气机 2（图 9-1-26）。

b. 乘客安全气囊模块。乘客安全气囊模块内置在仪表板中。乘客安全气囊模块主要包括安全气囊 1 和给安全气囊充气的充气机 2（图 9-1-27）。

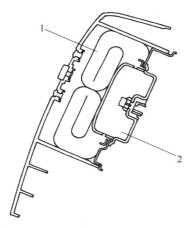

图 9-1-26　驾驶员安全气囊模块

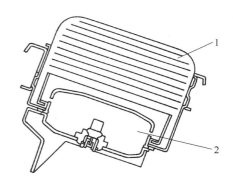

图 9-1-27　乘客安全气囊模块

c. 侧安全气囊模块。侧安全气囊模块内置在靠背侧。侧安全气囊模块主要包括安全气囊 1 和给安全气囊充气的充气机 2（图 9-1-28）。

识别标记 A 安装在指示配备有侧安全气囊的靠背侧接缝处；侧安全气囊充气时冲破靠背侧接缝 B（图 9-1-29）。

d. 帘式安全气囊模块。帘式安全气囊内置在车顶左右侧部位中。帘式安全气囊模块主要包括安全气囊 1 和给安全气囊充气的充气机 2（图 9-1-30）。

e. 驾驶员侧安全气囊充气机。驾驶员安全气囊充气机 1 主要由电子点火装置（点火管）、点火剂、气体发生剂和滤清器组成（图 9-1-31）。

发生超出车辆规定极限的正面碰撞时，电子点火装置（点火管）点燃点火剂。点火剂产生的热量会引燃气体发生剂。产生的气体（高温）通过滤清器使安全气囊充气。

f. 螺旋电缆。螺旋电缆电动连接安全气囊诊断传感器单元和驾驶员安全气囊模块。螺

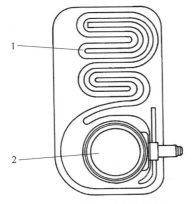

图 9-1-28　侧安全气囊模块

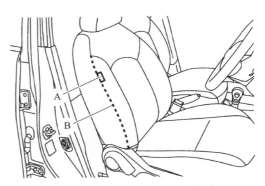

图 9-1-29　侧安全气囊模块安装位置

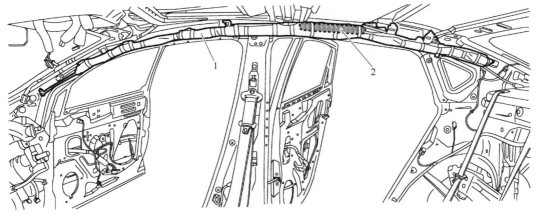

图 9-1-30　帘式安全气囊模块

旋电缆主要由执行与方向盘相同动作的旋转部分 A、安装在方向盘上的固定箱 B 以及连接旋转部位的电缆组成（图 9-1-32）。

螺旋电缆内置于组合开关和方向盘之间空隙处的转向角传感器中。

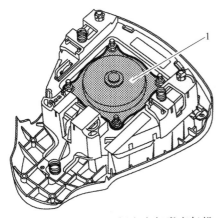

图 9-1-31　驾驶员侧安全气囊充气机

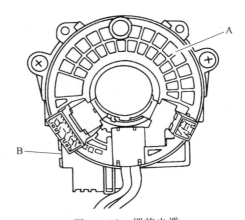

图 9-1-32　螺旋电缆

　g. 碰撞区传感器。碰撞区传感器 1 安装在充电接口盖铰链总成处（图 9-1-33）。碰撞区传感器集成有正面碰撞 "G" 传感器，该传感器用于检测超出车辆规定极限的正面碰撞

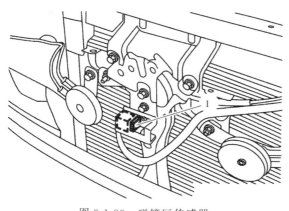

图 9-1-33　碰撞区传感器

冲击。

发生超出车辆规定极限的正面碰撞时，碰撞区传感器检测到冲击。如果安全气囊诊断传感器单元中的正面碰撞安全传感器判断出冲击是因碰撞引起的，则驾驶员安全气囊、乘客安全气囊和安全带预张紧器工作。

（2）操作安全气囊的安全措施

只允许受过培训的人员进行检测、装配和维修工作。

操作安全气囊系统时，必须断开蓄电池接地线。在连接蓄电池电源时，车内不能有人逗留。在取出（接触）安全气囊单元之前，操作人员必须进行静电放电，这可以通过触摸例如水管或金属支架之类的接地金属零件来实现。从运输容器中取出安全气囊单元后，必须立即进行安装。安装工作中断时，必须将安全气囊单元重新装入运输容器中。不允许随意放置安全气囊单元。

在已拆卸的情况下存放安全气囊时，应该将带软垫的一侧指向上方。如果安全气囊单元摔落到硬地板上或受损，则不允许再使用。

（3）安全带卷收器的安全规定

① 只允许受过培训的人员进行检测、装配和维修工作。不允许打开，也不允许维修安全带卷收器部件，原则上只使用新部件（否则会有受伤危险）。不允许将受过剧烈碰撞或曾掉在地上的安全带卷收器单元再次安装到汽车上。

② 必须更换存在机械损坏（凹坑、裂缝）的安全带卷收器单元。必须根据易爆材料法规来储存和运输。从运输容器中取出后必须立即安装安全带卷收器单元。

③ 不允许使用压缩空气冲击扳手拆卸安全带卷收器单元。工作中断时，必须将安全带卷收器单元重新放回运输容器中。

④ 不允许随意放置安全带卷收器单元。不允许用油脂、清洁剂或类似物品处理安全带卷收器单元，不允许承受 100℃ 以上的高温，即使很短的时间也不行。

⑤ 燃爆式填药没有失效期，可以无限期地使用，无需更换。

（4）保护系统零部件的拆卸与安装

① 拆卸和安装安全气囊电控单元。

a. 拆卸安全气囊电控单元。断开蓄电池负极接线。拆下副仪表板的右侧前延伸板。松开安全气囊电控单元 1 的电气插头锁紧装置，脱开电气插头 2 和 3（图 9-1-34）。旋出安全气囊电控单元的固定螺母（箭头）。螺母拧紧力矩：(8±1)N·m。从车身上取出安全气囊电控单元 1。

b. 安装安全气囊电控单元。安装以倒序进行，同时注意下列事项：螺栓安装顺序如图 9-1-35 所示；安装后连接蓄电池负极接线。打开点火开关，如果更换了安全气囊电控单元，则必须进行编码、匹配。

② 拆卸和安装驾驶员气囊。

a. 拆卸驾驶员气囊。

ⓐ 断开蓄电池负极接线。拆卸转向管柱护罩。将方向盘调至最低位置。调节方向盘深度，将方向盘向后拉至极限位置。将方向盘转到如图 9-1-36 所示的位置。将螺丝刀插入方向盘背面的孔中。

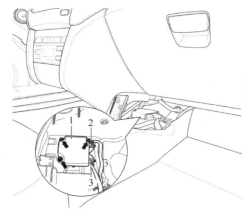

图 9-1-34　拆卸安全气囊电控单元

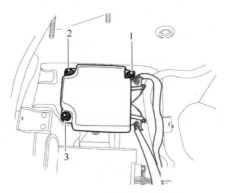

图 9-1-35　螺栓安装顺序

ⓑ 松开驾驶员气囊右侧锁止件，将方向盘旋转 180°，以同样的方法松开驾驶员气囊左侧锁止件。

ⓒ 将方向盘旋转回中间位置。从方向盘上脱开驾驶员气囊。

ⓓ 脱开喇叭的插头连接 3 和接地线 2，按压锁扣拔下驾驶员气囊插头连接 1，取下驾驶员气囊（图 9-1-37）。

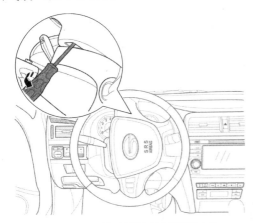

图 9-1-36　松开驾驶员气囊锁止件

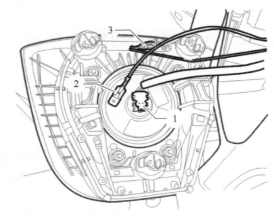

图 9-1-37　拔下驾驶员气囊插头连接

b. 安装驾驶员气囊。安装以倒序进行，同时注意下列事项：将驾驶员气囊插头插入插座中时，必须听到插头完全插入的声音；将驾驶员气囊压入方向盘；检查驾驶员气囊是否嵌入方向盘中；连接蓄电池负极接线。

打开点火开关，用车辆诊断仪检查安全气囊系统。

（5）安全气囊的处置

① 处理报废安全气囊的必要性。当装有安全气囊的车辆报废时，如果不引爆车辆上的安全气囊，则安全气囊处于化学的和物理的危险状态，可能引起人员伤亡事故。首先，未经处理的安全气囊的气体发生器内部存在未经燃烧的点火剂或气体发生剂，其中叠氮化钠有剧毒，只要一耳勺的量就可使 5～6 人死亡。但是叠氮化钠燃烧时可转化为无害物质。其次，安全气囊引爆时的力非常大，若把安全气囊面向地面展开，其反冲力足够把安全气囊冲高 20m 左右。为了避免这些危险，在报废车辆时，必须把安全气囊引爆展开。

② 安全气囊引爆处理方法。

a. 机械式安全气囊引爆处理方法。拆下安全气囊，随后把 5 个没有轮辋圈、轮毂的轮胎堆放起来，将安全气囊悬吊在轮胎中心部位，让安全保险机构解除的安全气囊从 20cm 高度落下而点火。

b. 电气式安全气囊引爆处理方法。

① 车下引爆安全气囊方法：用各公司规定的引爆展开处理用插件或电缆线束进行连接，把 5 个轮胎堆放起来，将安全气囊旋转于其中，利用蓄电池作为电源进行引爆展开作业。

② 车上引爆安全气囊方法：将车移到空旷处，打开所有车窗和车门，拆下蓄电池负极和正极，将蓄电池搬出车外；至少 30s 后，拆下安全气囊控制块连接器，在气囊引发器端各接一条 10m 长的电线；让在场人员退出 10m 外，将电线触及 12V 蓄电池的正负极，此时能听到气囊爆炸的声音；10min 后，气囊冷却，烟尘散尽，人才能过去。

③ 安全气囊回收与环保。

a. 金属回收。气体发生器的壳体由钢板或铝合金冲压而成，过滤装置也用金属或复合材料制成。对气体发生器的金属的回收有两种方法：一种是加热熔化，但需要事先清除化学残余物；另一种是综合回收，仅将这些燃烧残余物作为熔渣清除，效率较高。

b. 氢氧化钠回收。将氢氧化钠通过再结晶的方法回收。

c. 塑料件及气囊回收。安全气囊系统中的所有零件几乎都为塑料件，可经粉碎、机械及化学的方法再加工而变成热塑性材料的原料。而尼龙织布气囊取出后，经粉碎、加热、挤压成型等工序制成颗粒，经与纯净的树脂及添加剂混合，用于注射成型。

9.2　车身钣金的绿色修复

9.2.1　车身修复工人身安全防护

必须根据具体情况，穿戴安全眼镜、手套、安全鞋和耳塞等，如图 9-2-1 所示。

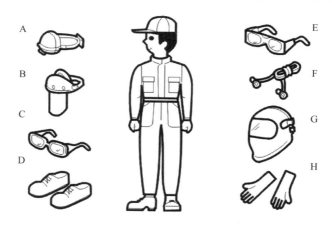

图 9-2-1　个人安全防护

A—防尘口罩；B—防尘面罩；C—安全眼镜；D—安全鞋；E—焊工护目镜；
F—耳塞；G—焊接防护罩；H—焊工手套

9.2.2　车身整形机结构

车身整形机作业也叫车身修复机作业，通过外接不同的焊接工具，可以实现单面点焊、焊接专用螺钉、环形介子、蛇形焊线等功能。

9.2.3　车身整形机的原理及类型

车身整形机工作原理是利用电极头上夹持的各种附件与钢板接触，通过大电流，使接触部位产生电阻热，获取与需求相对应的各种功能。通常还会随机性带有其他附件，如碳弧气刨碳棒（以下简称碳棒）、铜极头以及各种规格的销钉、螺钉等，以满足热收缩、钢板焊接销钉、螺钉等功能需求。有的整形机具有电阻焊功能，但由于焊接电流小，焊接质量难以保证。

整形机适合对一些内部无法触及的钢板损伤部位进行修整，修复时只需通过一定的焊接方式，将钢板凹陷部位从外部拉出即可，与传统的手工作业相比有无法比拟的优势。整形机焊接方式可分为熔植点焊和垫片焊接。

9.2.4　掌握整形机整形操作——钢板收缩种类及原理

收缩作业是指通过一定的方法或手段，将已经延展的钢板拉紧，使其恢复到原有状态。钢板在冲压、撞击、修复过程中都有可能发生不同程度的延展。钢板延展后，通常会导致变薄、硬化，其内部晶粒将会发生形变或重新排列，外部主要表现特征为隆起，有时会伴随"鼓动"现象。

收缩作业按照作业温度可分为常温收缩和热收缩，每种收缩方法各有优缺点。常温收缩常见的有打褶法和收缩锤收缩。热收缩可分为火焰收缩、铜极收缩和碳棒收缩三种。其中铜极收缩和碳棒收缩为电极收缩。火焰收缩由于热量过于集中、不易控制等原因已经被逐步淘汰。

热收缩原理：当加热钢棒时，由于两端被限制住，钢棒内部会产生压缩应力，随着温度的不断升高，直至达到红热状态，红热部位会开始膨胀，压缩应力被不断释放；此时，急速冷却加热部位，钢棒就会因为加热部位的膨胀而整体尺寸变短（图 9-2-2）。

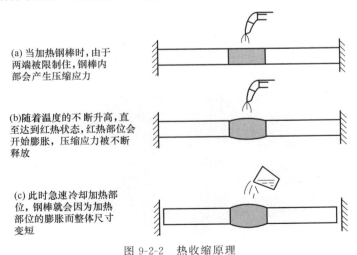

(a) 当加热钢棒时，由于两端被限制住，钢棒内部会产生压缩应力

(b) 随着温度的不断升高，直至达到红热状态，红热部位会开始膨胀，压缩应力被不断释放

(c) 此时急速冷却加热部位，钢棒就会因为加热部位的膨胀而整体尺寸变短

图 9-2-2　热收缩原理

9.2.5　车身修复的操作及注意事项

（1）单点拉拔

① 准备前工作：戴口罩、护目镜、工作帽、耳罩等。

② 选择 60 号砂纸，与磨头安装在一起，加注润滑油（图 9-2-3）。

③ 连接气管，并调整转速。

④ 使研磨机成 10°～20°角，轻压在损伤处（图 9-2-4）。

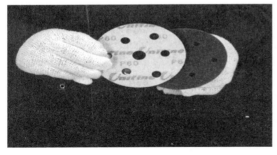

图 9-2-3 将砂纸安装到磨头上

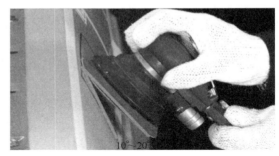

图 9-2-4 将研磨机成 10°～20°角，轻压在损伤处

⑤ 去除外部、中部油漆和搭铁位置油漆（图 9-2-5）。

⑥ 选择带水研磨机，去除沟槽内油漆（图 9-2-6）。

图 9-2-5 去除油漆

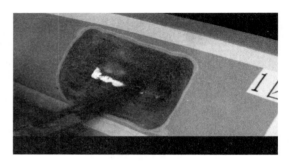

图 9-2-6 去除沟槽内油漆

⑦ 连接吹尘枪，吹尘并擦拭干净。

⑧ 安装搭铁、试焊板（图 9-2-7）。

⑨ 检查焊片，如果有锈迹或焊渣，则应使用板锉或砂纸进行清理。

⑩ 安装焊片并紧固螺栓（图 9-2-8）。

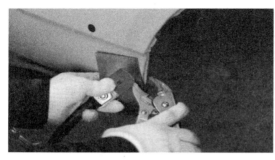

图 9-2-7 安装搭铁、试焊板

图 9-2-8 安装焊片并紧固螺栓

⑪ 安装拉锤并紧固螺母。

⑫ 开启整形机电源开关。

⑬ 切换工作模式至焊接挡位，并调整焊接时间和焊接电流（图 9-2-9）。

⑭ 试焊，若参数过小，焊点则无法承受拉拔力量（图 9-2-10）。

图 9-2-9　切换工作模式至焊接挡位

图 9-2-10　试焊

⑮ 适当调整焊接参数，直到符合要求（图 9-2-11）。

⑯ 如果参数调整过大，将加重钢板损坏（图 9-2-12）。

图 9-2-11　适当调整焊接参数（一）

图 9-2-12　适当调整焊接参数（二）

⑰ 将焊枪放至水平状态。使用手掌拖住，中指或者食指放到开关位置，其他手指自然握住枪把，另一只手握住焊枪的前段，以便对准焊接部位。

⑱ 将焊枪成垂直角度顶住凹陷（图 9-2-13）。

⑲ 轻轻施加压力，以免接触不实，出现火花（图 9-2-14）。

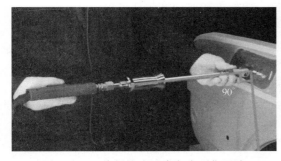

图 9-2-13　将焊枪成垂直角度顶住凹陷

图 9-2-14　轻轻施加压力

⑳ 启动开关，进行焊接。移动拔锤进行冲击，扭转焊枪，脱开焊点。

㉑ 更换 80 号砂纸，磨除焊点（图 9-2-15）。

㉒ 选择车身锉，调整其弧度，比钢板曲率略大。

㉓ 将车身锉成 30°～45° 角轻压在损伤处，从损伤处的边缘开始向前推，经过损伤部位达到另一侧。拉回车身锉，再次进行推进。或将车身锉水平放置，沿 30°～45° 角向前推进（图 9-2-16）。

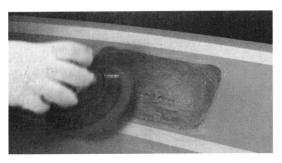

图 9-2-15　磨除焊点

图 9-2-16　将车身锉成 30°～45°角轻压在损伤处

注意：漏出金属光泽的部位一般为高点；反之为低点。

㉔ 拉拔低点和敲击高点，再次检查与修复，直到整个区域都留下锉痕（图 9-2-17）。

㉕ 复原工具及设备。

（2）整体拉拔训练

① 安装搭铁试焊板（图 9-2-18）。

图 9-2-17　拉拔低点和敲击高点

图 9-2-18　安装搭铁试焊板

② 安装焊接介子并紧固螺母（图 9-2-19）。

③ 开启整形机电源开关，并切换至焊接挡位，调整焊接时间和焊接电流。

④ 检查焊片，若试焊参数过小，焊点则无法承受拉拔力量，应适当调整焊接参数，直到符合要求（图 9-2-20）。

如果参数调整过大，将加重钢板损坏。

图 9-2-19　安装焊接介子并紧固螺母

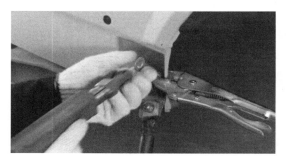

图 9-2-20　检查焊片并试焊

⑤ 焊枪垂直，将焊片轻压在损伤处，焊接焊片（图 9-2-21）。

⑥ 焊片之间的距离为 8～10mm（图 9-2-22）。

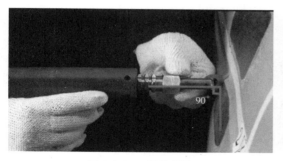

图 9-2-21 焊接焊片

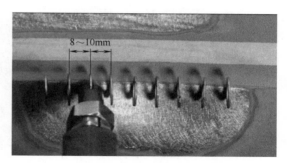

图 9-2-22 焊片之间的距离为 8～10mm

⑦ 选择钢轴、拉环，穿入焊片孔内（图 9-2-23）。

⑧ 移动拉塔及固定牢链，与损伤部位垂直，调整吊链高度（图 9-2-24）。

图 9-2-23 穿入焊片孔内

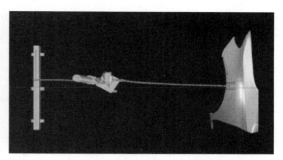

图 9-2-24 移动拉塔及固定牢链

⑨ 选择线凿，检查是否正常。

⑩ 选择手锤，检查是否正常。

⑪ 将线凿对准车身线，使用手锤，击打线凿的后端（图 9-2-25）。

⑫ 松开链条，观察损伤恢复情况，取下挂钩、钢轴与拉环，将拉塔归位。

⑬ 拆卸焊片。

注意： 严禁以左右晃动的方式拆卸焊片，以免出现孔洞。

若出现孔洞，可采取以下措施：切换模式至收缩挡，将 1.0mm 焊丝放置于孔洞处，使用焊棒进行焊接并磨平焊点（图 9-2-26）。

图 9-2-25 击打线凿的后端

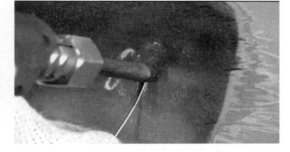

图 9-2-26 使用焊棒进行焊接并磨平焊点

⑭ 取下焊接介子，安装拉锤，试焊。

⑮ 使用拉拔锤将损伤区域拉平。

⑯ 松开搭铁并归位。

⑰ 复原设备。

（3）收缩作业

① 钢板延展后，将出现隆起，会伴随鼓动现象（图9-2-27）。

② 安装搭铁试焊板。

③ 选择碳棒，将碳棒从中间断开，以方便操作。

④ 打磨碳棒前端，至平滑圆弧面。

⑤ 安装碳棒，紧固螺母。

⑥ 开启电源开关，切换工作模式，调整工作电流。

若参数过小，则热量难以集中，应适当调整焊接参数，直到合适；若参数调整过大，会导致钢板损坏。

⑦ 将碳棒成30°～45°角轻压到延展处，以便控制运行轨迹（图9-2-28）。

图9-2-27 用直尺检查钢板隆起部位

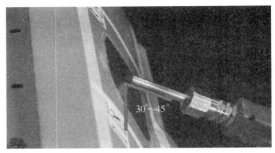
图9-2-28 将碳棒成30°～45°角轻压到延展处

⑧ 启动开关，碳棒从外侧开始，沿螺旋状至中间部位。狭长的部位可采用曲线运行的方式收缩（图9-2-29）。

注意：

a. 碳棒运行过程中不能停顿，否则可能导致钢板损坏；

b. 碳棒运行慢，螺旋状容易集中，反之不容易集中。可采用多点、低温、小密集的收缩效果。

⑨ 达到一定温度后，停止加热，松开开关，抬起焊枪，冷却加热部位（图9-2-30）。

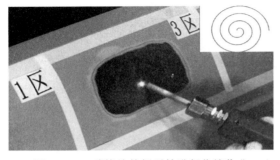
图9-2-29 碳棒从外侧开始进行收缩作业

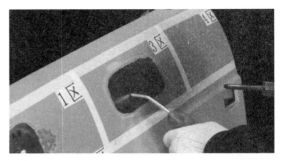
图9-2-30 达到一定温度后停止加热

⑩ 收缩作业完成后应冷却碳棒，以免造成危害。

注意： 焊枪抬起的距离太近，会造成火花飞溅，造成危险。

⑪ 检查收缩效果。

⑫ 通过手工作业或整形机作业修平（图 9-2-31）。

⑬ 用研磨机修复碳伤，以免出现油漆缺陷（图 9-2-32）。

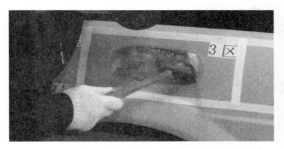

图 9-2-31　通过手工作业或整形机作业修平

图 9-2-32　用研磨机修复碳伤

⑭ 拆卸搭铁。

⑮ 复原设备。

> **注意**：对于面积小、隆起高、刚性强的区域，可使用铜气头工具进行收缩，收缩方法和碳棒收缩方法相似，首先调整其参数，然后加以赤焊。

图 9-2-33　铜气头垂直顶住延展处

收缩时，铜气头垂直顶住延展处，轻轻施加压力，启动开关，温度达到后松开开关，并使用吹尘枪冷却（图 9-2-33）。

9.3　车身的绿色喷涂技术

9.3.1　汽车涂装的安全规范

（1）喷漆安全操作规程

① 本操作规程作为强制执行标准，要求各有关人员应严格遵照执行。

② 进入烤漆房作业前，操作人员应穿戴好防护用具（图 9-3-1），备齐所需漆料，维修车辆遮蔽完备，准备喷涂；严禁在喷烤漆房内进行清除灰尘和打磨工作。

③ 每次喷烤漆作业前应检查油泵管道有无泄漏，以及油量、燃烧机、风机和气压是否正常，风阀在正常位置后方可作业。

④ 烤漆前应检查燃烧机的燃烧状态，有无燃烧不充分及断续、偏火闪烁现象，在燃烧机1m 外观察，待燃烧稳定后方可以从观察口观察。

⑤ 严禁烟火，严禁吸烟，严禁将火种带入

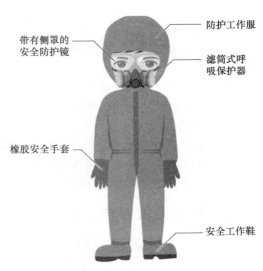

图 9-3-1　个人安全防护

防护工作服

带有侧罩的安全防护镜

滤筒式呼吸保护器

橡胶安全手套

安全工作鞋

烤漆房内，作业现场必须备有足够的消防器材。

⑥ 漆房内除作业必须材料外，不允许储存过多的涂料、溶剂等，浸有涂料、溶剂的棉纱要及时清理，以免自燃。

⑦ 一旦发生火情应及时报警，切断电源，关闭运行设备。关闭临近漆房及车间门窗，防止火灾蔓延，积极组织灭火施救。

⑧ 经常保持漆房周围安全通道处于畅通状态。

（2）喷涂操作时注意事项

① 喷涂作业中尽量少打开喷漆房的门，以免喷漆漆雾污染整个车间。

② 流平过程后，进行烤漆作业时，温度不得设定在 60℃ 以上，并不得离人，如出现风机声音异常或燃烧机火焰闪烁、不明亮，应马上断电，并及时报修，燃烧机上严禁覆盖擦布或放置其他异物。

③ 燃烧机一次点火失效，3min 后才能按红色复位按钮。如 3 次点不着火，严禁继续强制点火，应查明原因，由专业人员检排故障，并清除热交换器内积的油垢后才能使用。

④ 烤漆温度达到设定值后，加热系统会自动停止加热，但是风机不要马上停机，应继续运转 3～5min 再关闭风机，保证散热器能够得到充分的冷却。

⑤ 喷漆时应注意排风管道风阀开关情况，喷漆时风阀应处于打开状态；不抽风时风阀应处于关闭状态，以防止其他烤房漆雾倒窜进来。严禁风阀在关闭状态下进行喷漆施工。所有烤房的排风和排烟管道都应单独排放，不能进行三合一出气或出烟。

⑥ 废油燃烧机燃油雾化气压和燃油预热温度已设定为最佳状态。严禁随意调节气压和温度，如需调节需专业人员进行操作。

⑦ 正常情况下，废机油的颜色应为黑色，如在加热的小油箱中机油出现明显的土黄色，则表明废机油中含有水分或防冻液，应放掉大小油箱中的燃油，并排除油泵管道内的含水废机油，重新加入正常的废机油后才能进行启动燃烧机加热。

⑧ 负责收集废机油的大型油桶应每 3 个月清理一次，时间长了废机油中的渣子和油泥或水分会沉积在底部，因为在每次抽油时，首先会先抽取最下面的燃油，同时也会将渣子和油泥或水分抽上来，影响燃烧机的燃烧状态。

（3）喷涂操作后注意事项

① 每次作业完毕，必须对漆房内进行清理，任何用来遮蔽车体用的遮盖物必须清除，保持漆房内的清洁卫生。

② 每天作业完毕应利用系统内余压给系统排水，包括燃烧机上的气压调节阀上的除水工作。

③ 严禁将没用完的漆料和稀释剂倒入地格栅内。

④ 严禁在烤漆房内清洗喷枪，以及将黏胶纸带、纸圈、报纸等易燃物丢在地格栅内。不许将油漆喷到漆房墙壁上。

⑤ 下班后必须切断总电源，以免发生事故。

⑥ 漆房内除了每次施工所需的漆料外，不得存放任何多余的化学物品及易燃易爆物品。

⑦ 施工完毕后，严格填写施工记录，备查。

9.3.2 汽车涂装标准工艺

（1）清洁除油和板件评估

① 准备工作。在进行清洁除油的过程中，涂装人员需佩戴好帽子、护目镜、活性炭过滤式面罩、耐溶剂手套，穿好防护服以及安全鞋。

② 清洁除油。

a. 选用除硅清洁剂进行清洁除油工作（图 9-3-2）。

b. 将清洁剂均匀喷洒于工件表面，使该区域湿润（图 9-3-3）。

c. 在清洁剂未挥发之前用干燥的擦拭布将工件表面擦干，以清除工件表面的油渍及静电（图 9-3-4）。

图 9-3-2　选用除硅清洁剂

图 9-3-3　将清洁剂均匀喷洒于工件表面

图 9-3-4　用干燥的擦拭布将工件表面擦干

③ 板件评估。接下来通过目视、触摸或直尺的方法，检查工件表面受损部位的钣金质量（图 9-3-5）。若不合格，需送回钣金工序重新矫正。若无需钣金矫正，则判断修补区域和应采取的修补方法。

图 9-3-5　板件评估

（2）去除旧漆层，打磨羽状边

① 准备工作。在进行打磨过程中涂装人员需佩戴好帽子、护目镜、耳塞、防尘口罩、防护手套，穿好防护服以及安全鞋。

② 打磨旧漆层。

a. 为方便打磨，可以对打磨区域做一定（范围）的标记（图 9-3-6）。

b. 选择 5mm 或者以上的气动偏心振动圆磨机配合 80 号干磨砂纸（图 9-3-7）。

c. 打磨受损工件表面，去除旧漆层直至露出裸金属（图 9-3-8）。

③ 打磨羽状边。

a. 旧漆层去除后，可用打磨机配合 120 号砂纸顺着旧漆边缘打磨出羽状边雏形（图 9-3-9）。

b. 再使用打磨机配合 180 号砂纸消除 120 号产生的痕迹，并向外拉伸羽状边，使羽状边达到 3～5cm 的宽度（图 9-3-10）。

图 9-3-6　对打磨区域做一定（范围）标记

图 9-3-7　选择工具

图 9-3-8　去除旧漆层直至露出裸金属

图 9-3-9　打磨出羽状边雏形

c. 对未伤及色漆层的工件表面，无需研磨至裸金属。可使用打磨机配合 280 号砂纸对其进行打磨，将划痕去除，最后，使用研磨机配合 280 号砂纸将修补区域磨毛（图 9-3-11）。并对羽状边边缘进行进一步修饰，使羽状边更加光滑。

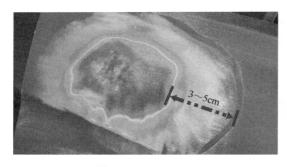

图 9-3-10　使羽状边达到 3~5cm 的宽度

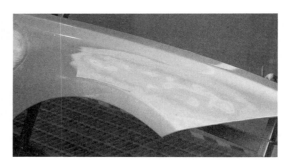

图 9-3-11　对羽状边边缘进行打磨

图 9-3-12　调配底漆

d. 打磨完毕后，对工件进行清洁。先使用吹尘枪清除工件表面的灰尘和打磨微粒，再对板面进行除油作业。

（3）施涂底漆

① 准备工作。施涂底漆及调配底漆时，涂装人员应佩戴好帽子、护目镜、活性炭过滤式面罩、耐溶剂手套，穿好防护服和安全鞋。

② 调配底漆。调配环氧底漆 4500，混合均匀后过滤，装入底漆喷枪（图 9-3-12）。

③ 喷涂底漆。使用底漆专用喷枪薄喷一层于裸金属表面，底漆层的厚度一般为 6～12μm（图 9-3-13）。

图 9-3-13　喷涂底漆

使用短波红外线烤灯以加速底漆干燥，短波红外线烤灯应放置在距离工件 1m 处（图 9-3-14）。

图 9-3-14　短波红外线烤灯加速底漆干燥

扫一扫

▶ 视频精讲

（4）施涂原子灰

① 准备工作。施涂原子灰工序的涂装人员需佩戴好帽子、护目镜、活性炭过滤式面罩、耐溶剂手套，穿好防护服和安全鞋。

② 调配原子灰。

a. 原子灰和硬化剂在混合前要分别搅拌均匀。取出大致所需量的原子灰放置于混合板上，并按质量比添加适量的固化剂（图 9-3-15）。

注意：一般原子灰与固化剂的混合比例为 100g：（2～3）g。

b. 在混合板上将原子灰与固化剂进行充分混合（图 9-3-16）。

图 9-3-15　按质量比添加适量的固化剂

图 9-3-16　在混合板上将原子灰与固化剂进行充分混合

③ 刮涂原子灰。在打磨范围内，分几次刮涂原子灰。刮涂时，先用刮刀垂直薄涂原子灰，令其紧贴金属表面。重复施涂时，将刮刀倾斜 30°～45°，依次来回刮涂，并逐步扩大施涂的面积，直至填平并略高于基础面，以方便打磨（图 9-3-17）。

> **注意**：边缘处一定要薄涂，以形成斜坡，方便打磨边缘。

④ 干燥工作。原子灰刮涂完成后，在距离工件 0.8～1m 处，使用短波红外烤灯，设定温度 50℃进行辅助干燥 10～15min（图 9-3-18）。

图 9-3-17 刮涂原子灰

图 9-3-18 干燥工作

（5）研磨原子灰

① 准备工作。研磨作业人员需佩戴好帽子、护目镜、耳塞、防尘口罩、防护手套，穿好防护服以及安全鞋。

② 打磨原子灰。

a. 在干燥的原子灰表面刷涂炭粉指示剂，当炭粉附着在原子灰表面时可以清晰分辨出板面打磨的平整程度和打磨程度（图 9-3-19）。

b. 使用 5mm 气动偏心振动圆磨机配合 120 号砂纸打磨原子灰，打磨时可用手辅助感受板面的平整度（图 9-3-20）。

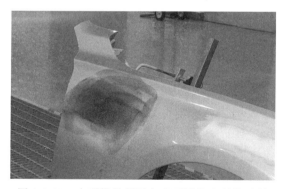

图 9-3-19 在干燥的原子灰表面刷涂炭粉指示剂

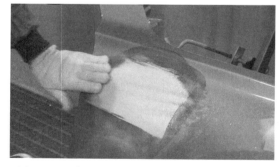

图 9-3-20 打磨时可用手辅助感受板面的平整度

③ 打磨羽状边。使用 180 号砂纸打磨羽状边区域，并用 120 号砂纸配合手磨板小心打磨边缘，确保腻子与旧涂膜衔接处无断层。接着用 180 号砂纸配合手磨板进行打磨，以消除120 号砂纸痕，并将表面高度打磨至与基础面一致（图 9-3-21）。逐渐加大砂纸型号，确保较深的打磨痕在每次的操作中均被打磨去除。

> **注意**：每更换一次砂纸都需要重新涂一层炭粉指示剂。

最后，使用 280 号砂纸配合打磨机将损伤区域周边磨毛。完成后，使用红色工业百洁布进一步磨毛板件边角区域（图 9-3-22）。

图 9-3-21　手磨板进行打磨

图 9-3-22　磨毛板件边角区域

（6）清洁吹尘，施涂原子灰

① 准备工作。涂装人员需佩戴好帽子、护目镜、活性炭过滤式面罩、耐溶剂手套，穿好防护服以及安全鞋。

② 清洁除尘。用吹尘枪吹掉工件表面的灰尘和脏物。均匀喷洒清洁剂，并用干燥的擦拭布擦拭，以清除工件表面的油渍及静电（图 9-3-23）。

③ 刮涂原子灰。检查打磨后原子灰表面是否有凹坑或砂眼，若有，需要再次施涂原子灰并进行干燥（图 9-3-24 和图 9-3-25）。

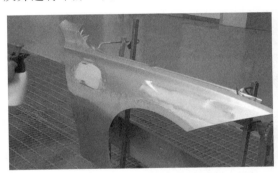

图 9-3-23　均匀喷洒清洁剂

图 9-3-24　检查表面是否有凹坑或砂眼

④ 打磨原子灰及除尘。使用 280 号砂纸配合 5mm 气动偏心振动打磨机打磨并除尘。

（7）清洁和遮蔽

① 准备工作。涂装人员需佩戴好帽子、护目镜、活性炭过滤式面罩、耐溶剂手套，穿好防护服以及安全鞋。

② 清洁工件。均匀喷洒清洁剂，并用干燥的擦拭布擦拭。

③ 遮蔽工件。在准备喷涂中涂底漆的四周约 10cm 处做反向遮蔽，以避免车身其他非作业区域遭受涂装污染（图 9-3-26）。

图 9-3-25　再次施涂原子灰

反向遮蔽，可以避免喷涂时漆层产生断层现象，使新漆层与旧漆层的边界过渡更平滑。

扫一扫

▶ 视频精讲

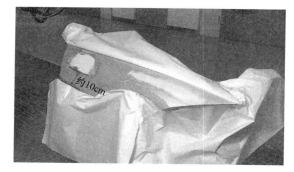

图 9-3-26　遮蔽工件

（8）施涂中涂漆

① 准备工作。涂装人员需佩戴好帽子、护目镜、供气式面罩、耐溶剂手套，穿好防护服以及安全鞋。

② 调配中涂底漆。利用颜色查询系统，找到相应的颜色配方或产品信息，选择喷涂部位，系统会自动计算出油漆使用量。

根据产品要求将中涂底漆和固化剂、稀释剂按比例进行混合并搅拌均匀（图 9-3-27）。

> **注意：**如遇原子灰打磨露出金属的部位需要薄喷一层底漆进行保护，静置 5～10min 后即可喷涂中涂底漆。

③ 测试喷枪。喷涂前需要进行测试喷幅。若喷幅中央为湿润区，外围为雾化区，则为完美喷幅，可进行中涂底漆的喷涂（图 9-3-28）。

图 9-3-27　调配中涂底漆

图 9-3-28　测试喷枪

④ 喷涂中涂底漆。首先在原子灰与旧漆接口处雾喷一层，经过闪干静置，直到工件无光泽，便可喷涂第二层，要确保每一层的喷涂面积都要比上一层的喷涂面积宽出 3～6cm，若两处损伤相邻，第三层应进行整喷（图 9-3-29 和图 9-3-30）。

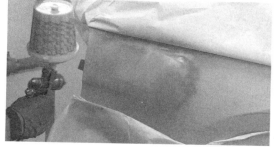

图 9-3-29　喷涂中涂底漆

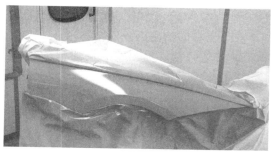

图 9-3-30　中涂底漆喷涂完成

喷涂完毕，设置短波红外烤灯为 60℃，烘烤 20min。

（9）研磨中涂漆

① 准备工作。涂装人员需佩戴帽子、护目镜、耳塞、防尘口罩、防护手套，穿好防护服以及安全鞋。

② 研磨中涂漆。

a. 研磨前喷涂刷涂炭粉指示剂，以便在打磨过程中清晰地检查打磨效果和漆面的平整度（图 9-3-31）。

b. 使用 3mm 气动偏心振动圆磨机配合 400 号砂纸研磨干燥后的中涂漆。研磨机配合 500 号砂纸做精细研磨，并打磨色漆扩喷区。用研磨机配合铂金 S1000 号砂纸打磨清漆扩喷区（图 9-3-32）。

图 9-3-31　研磨中涂漆　　　　　　　　　图 9-3-32　打磨清漆扩喷区

c. 最后，用灰色百洁布手工打磨板件边角区域。

（10）喷涂面漆和清漆

① 准备工作。涂装人员需佩戴帽子、护目镜、供气式面罩、耐溶剂手套，穿好抗静电防护服以及安全鞋。

② 清洁除尘。使用除硅清洁剂对板件进行清洁，以去除板件表面的油渍，使用吹尘枪配合除尘布对板件进行除尘。

③ 调配面漆。将准备好的面漆和调和水按照比例要求混合并搅拌均匀，过滤后装入水性漆专用喷枪（图 9-3-33）。

④ 测试喷枪。

a. 喷涂作业前，需对喷枪进行适当调节，出油量调至 2 圈，喷幅调至最大，并根据油漆喷涂要求调整气压，然后测试喷枪喷幅（图 9-3-34）。

图 9-3-33　调配面漆　　　　　　　　　图 9-3-34　测试喷枪喷幅

b.喷涂时可先喷涂工件内部和边角处。第 1 层水性色漆即遮盖层需中湿喷涂，提供 70%的遮盖力，根据面漆施工说明闪干或喷涂下一层。喷涂 0.5 层水性色漆即效果层，提供 30%的遮盖力。

c.用吹风筒将色漆中的水分清除至完全亚光（图 9-3-35）。

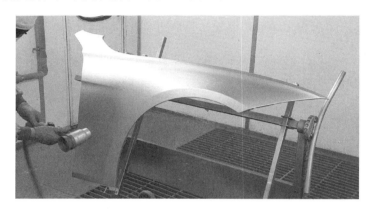

图 9-3-35　用吹风筒将色漆中的水分清除至完全亚光

⑤ 调配清漆。接下来将清漆和固化剂按照比例要求混合且搅拌均匀（图 9-3-36）。

⑥ 喷涂清漆。过滤后装入清漆喷枪，并进行测试喷涂。清漆喷涂 1.5 层，第 1 层喷完后相隔 5～10min 再喷 0.5 层，间隔时间以指触漆面，清漆不拉丝为宜，此时即可施涂下一层清漆（图 9-3-37）。

图 9-3-36　调配清漆

图 9-3-37　喷涂清漆

涂装完毕，工件恢复完美漆面。

9.4　车身的绿色焊接

9.4.1　修理规范

（1）车辆保护

进行焊接作业时，必须使用耐热、防火性能良好的保护套覆盖漆面、车窗、座椅及地毯上，如玻璃保护套 A 和座椅保护套 B（图 9-4-1）。

（2）安全措施

禁止在车身维修车间停放未加保护措施的车辆（飞溅的火花可能引起火灾，损坏油漆和车窗）。车辆作业前，应检查是否有燃油泄漏，若发现燃油泄漏，必须及时处理。如需在燃油箱附近进行焊接作业，应先拆下燃油箱，并堵住燃油管路（图 9-4-2）。

（3）安全防护

必须根据具体情况，戴安全眼镜、手套、耳塞以及穿安全鞋等。

（4）车身结构钢板作业注意事项

一旦发现有曲折的钢板，必须更换（图 9-4-3）。

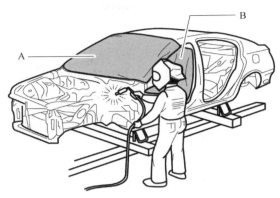

图 9-4-1　车辆保护

图 9-4-2　安全措施

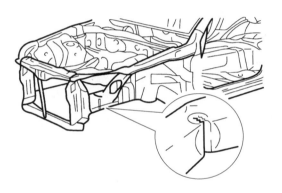

图 9-4-3　曲折的钢板

（5）防撞钢梁的维修

① 不得对防撞钢梁进行焊接作业（图 9-4-4）。

② 不得对防撞钢梁进行拉拔作业（图 9-4-5）。

图 9-4-4　不得对防撞钢梁进行焊接作业

图 9-4-5　不得对防撞钢梁进行拉拔作业

9.4.2 维修作业

（1）拆卸准备

① 检查。如果怀疑车身悬架已经损坏或变形，应当在车身校正架上检查车辆的悬架，进行必要的校正。

检查转向装置和转向拉杆是否正常，目测检查是否发生变形及裂缝。检查所有底盘部件。检查车轮和轮胎是否损坏，检查同心度和平衡性；检查轮胎花纹和胎壁上是否有裂缝，并检查轮胎气压。检查发动机、变速箱、车桥和排气装置悬架是否损坏。

在维修后应进行道路实车测试，以便确定车辆是否能安全行驶，安全性能是否符合标准。

② 测量。拆卸和切割作业前，应根据车身尺寸图进行测量，使用拉具矫正受损的车身或车架（图9-4-6）。

（2）拆卸损坏件

拆下需要更换的部件（图9-4-7）。

图9-4-6 测量

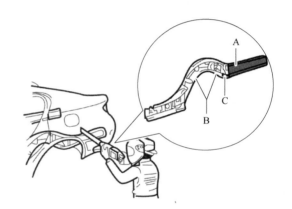

图9-4-7 拆下需要更换的部件

A—允许切割部位；B—弯曲部位；C—加强件

> **注意**：必须沿直线进行切割，避免切割加强件部分；切割会影响车身的刚度，因此，必须根据维修手册相关规定进行可靠性和安全性处理。

禁止钻孔或切割（图9-4-8）。

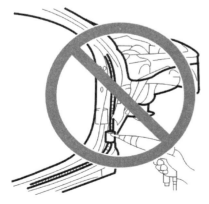

图9-4-8 禁止钻孔或切割

> **注意**：检查钻孔或切割的部位，确保没有软管、电线受损。

相邻组件的拆卸如图9-4-9所示。

> **注意**：拆卸相邻组件时，必须在车身周围和拆卸工具上粘贴保护胶带，避免部件受损。

（3）安装准备

① 点焊事项：在一般情况下，当焊接的板件总厚度 a 超过3mm时，要使用 MIG 焊机进行填焊（图9-4-10）。如果钢板总厚度超过3mm，则点焊无法保证足够的耐久性。

② 使用焊点密封胶（或穿焊底漆）（图9-4-11）。

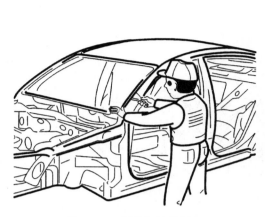

图 9-4-9　相邻组件的拆卸

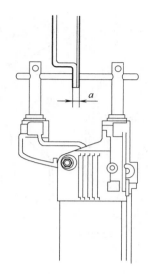

图 9-4-10　点焊事项

③ 使用打孔机为填焊打孔（图 9-4-12）。焊接部位厚度见表 9-4-1。

注意：对无法进行点焊的部位，可使用打孔器或钻头打孔，以便进行填焊作业。

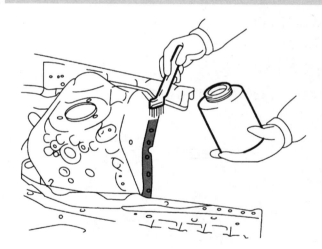

图 9-4-11　使用焊点密封胶

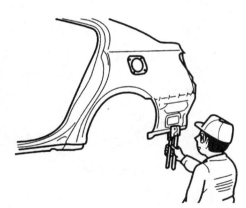

图 9-4-12　使用打孔机为填焊打孔

表 9-4-1　焊接部位厚度　　　　　　　　　　　　　　　　　　　　单位：mm

焊接部位厚度	填孔尺寸	焊接部位厚度	填孔尺寸
小于 1.0	大于 $\phi 5$	1.7～2.3	大于 $\phi 8$
1.0～1.6	大于 $\phi 6.5$	大于 2.4	大于 $\phi 10$

电子组件操作事项：开始焊接前，需先断开蓄电池负极端子，并在车身焊接部位附近设置接地；焊接（图 9-4-13）时，电子组件有可能会被流经车身的电流损坏。

切割部位（图 9-4-14）：在接合区域对新零件进行粗切，a 部分必须预留 20～30mm 的重叠。

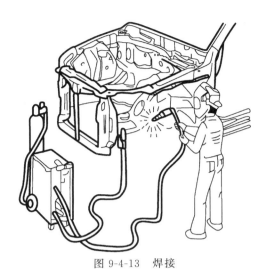

图 9-4-13 焊接

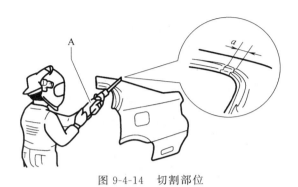

图 9-4-14 切割部位
A—气动锯

（4）安装

① 焊接前测量（图 9-4-15）。安装新部件前，必须依照车身尺寸图进行尺寸测量，以确保正确装配。安装完成后确认装配是否适当。

② 焊接注意事项如下。

a. 点焊：一般为生产厂商指定焊点数的 1.3 倍。

b. 填焊：一般多于生产厂商指定的焊点数。

注意：填焊作业应使用 MIG（金属惰性气体）焊机。

c. 不可对钢板规定部位以外的区域使用气焊或填焊（图 9-4-16）。

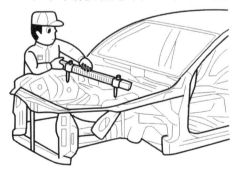

图 9-4-15 焊接前测量

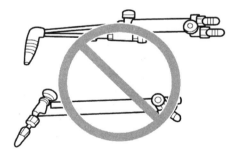

图 9-4-16 禁止使用

③ 焊接后的研磨工序。焊接后必须检查焊接部位，确保焊接牢固。使用圆盘式研磨机打磨焊区时，不可研磨过度，否则会降低焊接部位强度（图 9-4-17）。

④ 点焊位置。避免与旧焊区重叠焊接（图 9-4-18）。

点焊机（图 9-4-19）的尖头形状会影响焊接强度，因此要保持尖头具有适当形状，并在点焊五次或六次后让其冷却。完全去除点焊部位的漆膜，包括与焊头接触的接缝和表面。使用打磨机将点焊过程中形成的毛刺去掉。

（5）防锈处理（涂装前）

涂抹车身密封胶是一种防水和抗腐蚀措施，需在车门、发动机盖钢板接缝和褶边部位涂抹车身密封胶（图 9-4-20）。

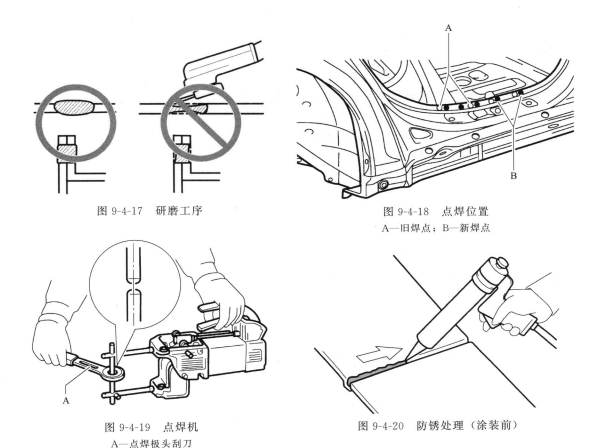

图 9-4-17　研磨工序

图 9-4-18　点焊位置
A—旧焊点；B—新焊点

图 9-4-19　点焊机
A—点焊极头刮刀

图 9-4-20　防锈处理（涂装前）

为了防止腐蚀，避免车身钢板因飞石撞击而损伤，车身底部和轮罩内侧需涂抹较厚的密封胶（图 9-4-21）。

（6）防锈处理（涂装后）

为防止涂装部位受到腐蚀，在侧车门、发动机盖褶边内侧以及铰链、车柱等箱形断面的焊接部位，需涂抹足够的防锈剂（蜡）（图 9-4-22）。

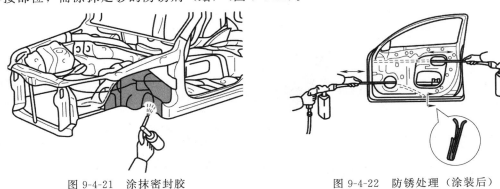

图 9-4-21　涂抹密封胶

图 9-4-22　防锈处理（涂装后）

（7）通过涂装进行防锈处理

根据车型及喷涂部位的不同，必须在喷涂底漆之前或喷涂面漆之后，再喷涂抗碎石涂料。

为避免腐蚀，保护车身不受路面飞石撞击损伤，需在门槛板、平衡板等部位喷涂抗碎石涂料。

第10章 空调制冷及通风系统的绿色维修技术

10.1 空调制冷及通风的概述

10.1.1 空调制冷及通风的作用

汽车暖风、通风及空调系统是对车厢内空气进行制冷、加热、换气的装置。它可为乘车人员提供舒适的乘车环境，降低驾驶员的疲劳强度，提高行车安全。

10.1.2 燃油汽车空调系统的组成

（1）制冷系统

制冷系统一般主要由空调压缩机、冷凝器、蒸发器、膨胀阀、贮液干燥器、管道、冷凝风扇和控制单元等组成（图10-1-1）。

系统分为高压部分和低压部分；高压部分包括压缩机排气管路、冷凝器、贮液干燥器、液体管路；低压部分包括蒸发器、压缩机吸气管路。

（2）通风系统

汽车空调通风系统主要由鼓风机、风门、进风道、出风道和蒸发器等组成（图10-1-2）。

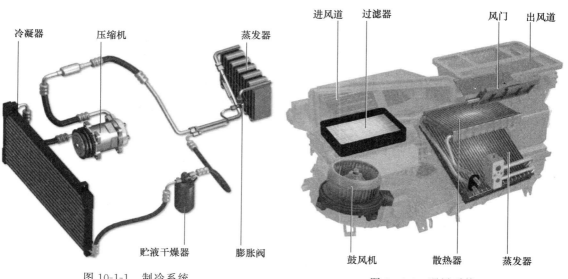

图 10-1-1　制冷系统

图 10-1-2　通风系统

（3）采暖系统

水暖式采暖系统的主要组成部件有发动机、回水管、鼓风机、热水阀、加热器芯和出水管（图 10-1-3）。

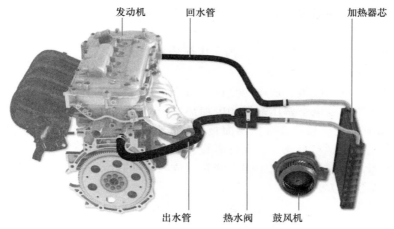

图 10-1-3　水暖式采暖系统组成

10.1.3　新能源纯电动汽车空调系统的组成

（1）纯电动汽车空调系统概述

暖风、通风与空调系统控制车辆内部温度及空气分配。该系统包含空调滤清器、空调箱总成、分配风道及控制系统。

新鲜空气从空调滤清器总成流入空调箱总成内，通过鼓风机使空气流过整个系统。根据

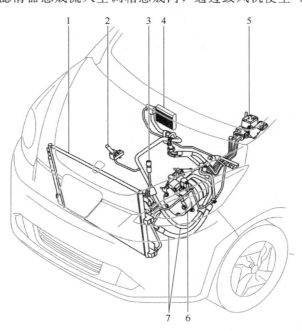

图 10-1-4　制冷系统
1—冷凝器；2—低压维修接头；3—高压维修接头；4—蒸发箱；
5—电池冷却器（Chiller）；6—电动压缩机；7—空调管路

控制面板上的设置，空气被加热或冷却并通过分配风道，提供给仪表板、车门及地板上的出风口。

纯电动驱动车型上安装一种电子控制空调系统，在电子控制空调系统中，进气、出气温度、空气分配及鼓风机速度等功能都是手动选择的。

（2）制冷系统

制冷系统如图 10-1-4 所示，系统分为高压部分和低压部分。

（3）通风及加热系统（图 10-1-5）

与传统车辆上配置的暖风、通风与空调系统不同的是，纯电动驱动车辆上配置的暖风、通风与空调系统使用的是电空调压缩机和电加热器。

① 空调箱总成。空调箱总成按控制面板上所选择的模式控制温度并分配引导进来的新鲜空气或循环空气。空调箱总成安装在仪表板与前舱壁之间，空调箱总成内包括鼓风机、电加热模块、蒸发器芯体及控制风门。在空调箱总成的底部有个排水出口，用来将空调箱总成内的冷凝水排到车辆下方。

在空调箱总成壳体上，安装一个新鲜循环空气风门，可以调整车内或车外空气作为循环风。

② 电加热模块。电加热模块是高压电加热器和控制器，安装在空调箱总成内，用于向乘客舱提供暖风。

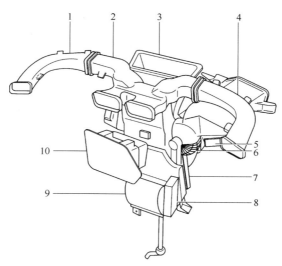

图 10-1-5　通风及加热系统

1—左仪表板出风管；2—中央出风风道；3—前挡风玻璃出风口；4—右仪表板出风管；
5—空调控制器总成；6—循环控制风门；7—乘客舱空气滤清器；
8—空调箱加热模块；9—空调箱；10—空调与娱乐控制面板

10.2　空调制冷剂回收与加注

10.2.1　R134a 制冷剂使用说明

现代汽车空调系统普遍采用 R134a 制冷剂，其标准蒸气温度为 −26.5℃。具有安全性好、无色、无味、不燃烧、毒性小、化学性质稳定的特点。它潜热大、热容大，具有良好的制冷能力；热导率较高、热传导性能好；黏度低、流动性好；对臭氧层无破坏作用。

R134a 对金属腐蚀性较小，稳定性高，不溶于水；凝固点较低，适合低温工作；泄漏时容易检测。

打开制冷剂循环系统前，要使用专用设备回收制冷剂。应正确使用汽车空调制冷剂，做好防护措施，避免对人体造成伤害。

制冷剂不含氧且密度大，如果它们被释放在有限的空间里，会填满窄小空间并挤走氧气，导致局部空间缺氧，请尽量避免。

制冷剂不会燃烧或爆炸，但与明火接触时，会分解出对人体有害的气体（光气），所以需要避开明火。

制冷剂在大气环境下会急剧蒸发，当其液体沾在皮肤上时，将从皮肤上大量吸热蒸发，导致局部冻伤，尽量避免接触皮肤。

当容器中装满制冷剂后，要预留膨胀空间，防止内部压力过大，产生爆炸。

10.2.2　制冷剂回收与加注

（1）制冷剂回收

使用空调制冷剂加注机：接通设备电源；连接制冷回路高、低压管路；打开设备高、低压阀门开关 1 和 2（图 10-2-1）；选择设备中"制冷剂回收"选项，启动设备，开始回收工作。

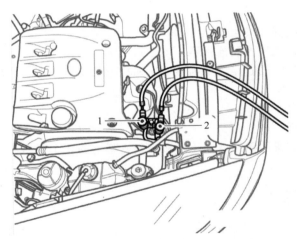

图 10-2-1　打开设备高、低压阀门开关

查看设备低压表压力值，当压力表达到－34kPa 真空度时，关闭设备，停止回收。

（2）空调系统抽真空并检测泄漏

打开设备高压阀门，选择"抽真空"选项，设定时间为 15min。启动设备抽真空，时间达到设定值时，设备自动停止工作。

关闭设备高压阀门，查看低压表压力值。若压力值达到设定值，没有重新升高，则确认制冷回路没有泄漏，可以进行压缩机润滑油与制冷剂的添加。若压力值上升，则检查制冷回路是否泄漏。

（3）制冷剂加注

按照车型要求加注制冷剂，每款车型加注量都有差别。

连接制冷回路高、低压管。选择设备中"制冷剂补充"选项，调整加注量，以广汽传祺

GA5 为例加注量 520g。

打开低压阀门开关，启动设备进行加注。观察设备显示屏，当加注量达到设定值时，屏幕显示加注完成。关闭阀门。

若设备显示加注速度过慢，可参考下列加注方式。

① 断开制冷回路高压接头，只连接低压端。

② 关闭设备高低压阀门。

③ 将汽车设置到驻车挡，启动发动机，打开空调，设定为低温模式。

④ 打开设备低压阀门，制冷剂将从低压端注入制冷管路中。

⑤ 压力表显示达到低压标准值后，断开低压端接头。

⑥ 制冷剂加注完成。

10.3 空调系统的绿色维修

10.3.1 拆装与安装新能源汽车电动压缩机

（1）拆卸电动压缩机

① 回收空调系统制冷剂。

② 断开蓄电池负极。

③ 拆下蓄电池盒支架。

④ 断开电动压缩机高压线束。

⑤ 断开电动压缩机低压控制连接器 1（图 10-3-1）。

⑥ 分别拆下 2 个将空调管路固定到电动压缩机上的螺栓 2 和 3，从电动压缩机上松开空调管路，并废弃掉密封圈。

⑦ 在举升机上举升车辆。

⑧ 拆下底部导流板。

⑨ 拆下将电动压缩机固定到电动压缩机安装支架上的 3 个螺栓（图 10-3-2）。

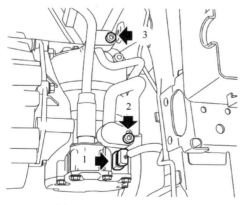

图 10-3-1 拆卸空调管路

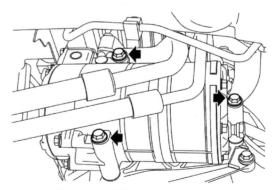

图 10-3-2 拆卸电动压缩机螺栓

⑩ 在机舱内移动电动压缩机并拿出。

（2）安装电动压缩机

① 将电动压缩机固定到电动压缩机安装支架上，装上 3 个螺栓，拧紧到 26～32N·m，并检查扭矩。

② 装上底部导流板。

③ 降低车辆。

④ 取下塞子，在 2 个与电动压缩机连接的空调管上装上新的密封圈，并涂上干净的压缩机油。

⑤ 将 2 个空调管分别安装到电动压缩机上，装上 2 个螺栓，拧紧到 19～25N·m，并检查扭矩。

⑥ 连接电动压缩机低压控制连接器。

⑦ 连接电动压缩机高压线束。

⑧ 装上蓄电池盒支架。

⑨ 连接蓄电池负极。

⑩ 加注空调系统制冷剂。

🔍 扫一扫

▶ 视频精讲

10.3.2　拆卸和安装膨胀阀

（1）拆卸膨胀阀

① 对制冷剂进行回收。

② 旋出固定螺栓（箭头），脱开高压管 1、低压管 2，并密封管路接头（图 10-3-3）。螺栓拧紧力矩：$(8.0±1.6)$N·m。

③ 旋出膨胀阀与蒸发器连接螺栓（箭头）（图 10-3-4）。

④ 取出膨胀阀 1，并完全密封。

⑤ 密封蒸发器连接口。螺栓拧紧力矩：$(8.0±1.6)$N·m。

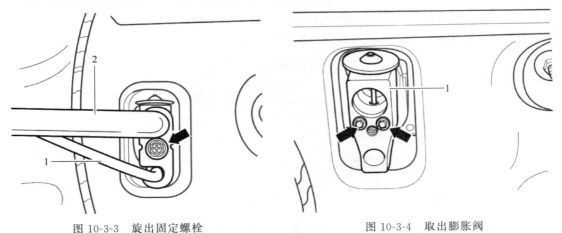

图 10-3-3　旋出固定螺栓　　　　　　　图 10-3-4　取出膨胀阀

（2）安装膨胀阀

安装大体以倒序进行，并注意下列事项。

① 必须更换 O 形密封圈，安装前，密封圈先用压缩机油涂抹。

② 注意隔热板的安装位置是否正确，并检测其密封性。

10.4　空调制冷及通风系统的绿色诊断

（1）制冷循环系统高压管路压力过高

制冷循环系统高压管路压力过高检查流程如图 10-4-1 所示。

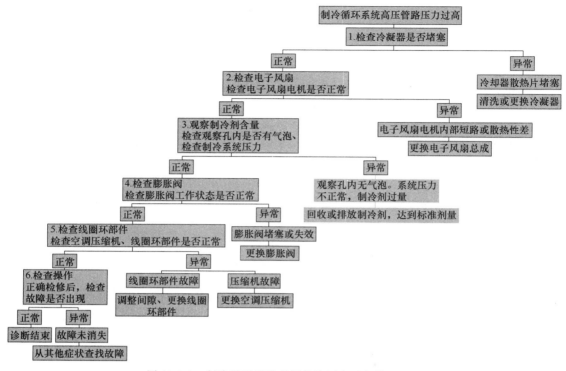

图 10-4-1　制冷循环系统高压管路压力过高检查流程

（2）制冷循环系统低压管路压力过高

制冷循环系统低压管路压力过高检查流程如图 10-4-2 所示。

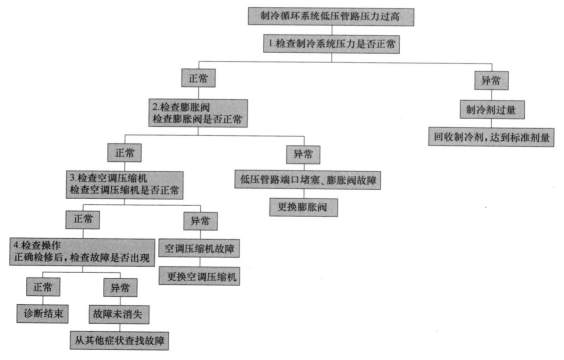

图 10-4-2　制冷循环系统低压管路压力过高检查流程

（3）空调不制冷

空调不制冷检查流程如图 10-4-3 所示。

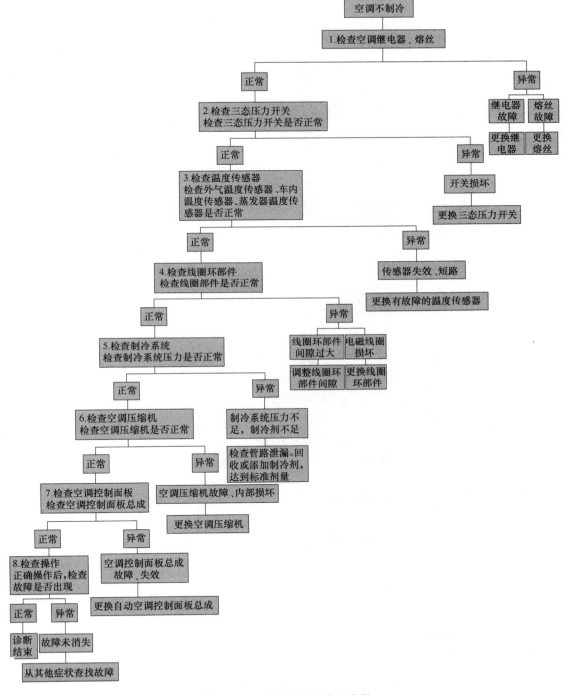

图 10-4-3　空调不制冷检查流程

（4）空调系统无暖风

空调系统无暖风检查流程如图 10-4-4 所示。

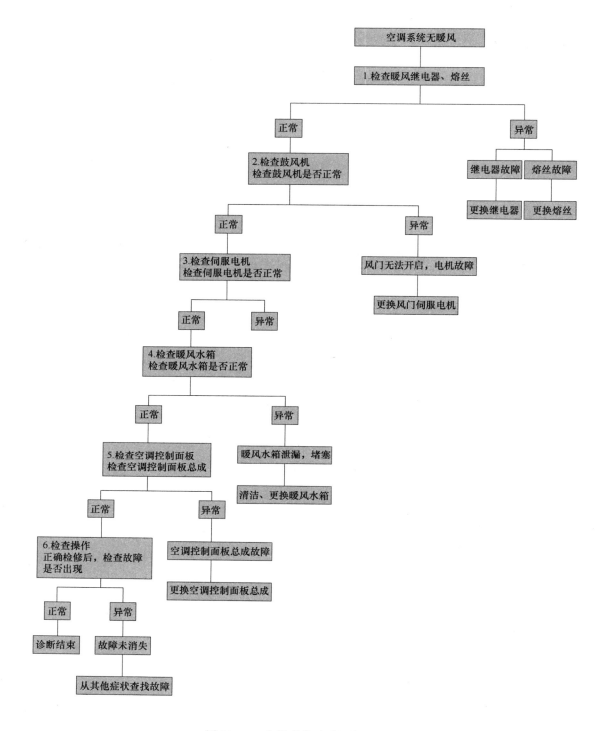

图 10-4-4　空调系统无暖风检查流程

（5）空调压缩机失效、工作效率低

空调压缩机失效、工作效率低检查流程如图 10-4-5 所示。

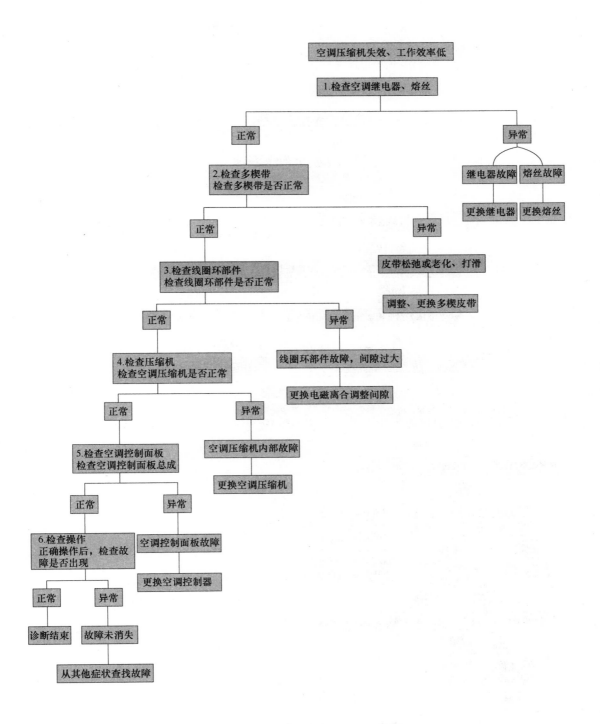

图 10-4-5　空调压缩机失效、工作效率低检查流程

（6）空调压缩机不工作

空调压缩机不工作检查流程如图 10-4-6 所示。

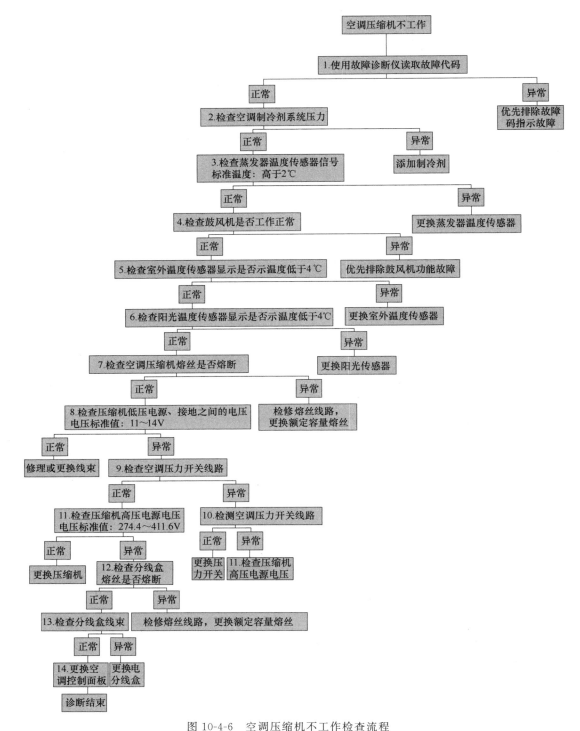

图 10-4-6 空调压缩机不工作检查流程

新能源汽车驱动系统的绿色维修技术

11.1 驱动电机的绿色维修

11.1.1 驱动电机概述

驱动电机为三相交流电机，受 PEB 控制，是整个车辆的动力源，其安装位置如图 11-1-1 所示。电动机旋转磁场和定子线圈共同作用产生扭矩。

与传统汽油机不同，电动机没有怠速。即使车辆由静止到起步的临界状态，电机也可产生最大驱动扭矩，可保证提供给车辆较好的加速度。

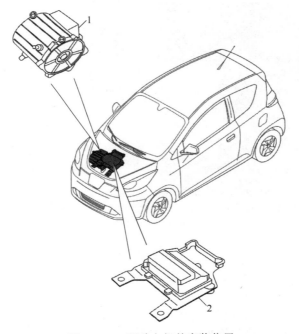

图 11-1-1　驱动电机的安装位置
1—驱动电机；2—电力电子箱（PEB）

扫一扫

视频精讲

11.1.2 驱动电机的操作注意事项

由于驱动电机工作时的环境是高电压和大电流，所以在操作时一定要注意以下几点。

① 产品运输及安装过程中应避免碰撞、跌落及和人体的挤压。

② 存储环境应干燥，在拆开电机包装时的环境要求为：温度－25～55℃范围内，相对湿度在 10%～70% 范围内。

③ 电机在安装使用前，必须进行绝缘检查（接线端子对机壳的绝缘电阻应大于 250MΩ）。

④ 电机在安装使用前，旋转电机输出轴应能灵活转动，检查电机外观应无机壳破损或异常形变情况。

⑤ 电机在安装使用前，检查三相线束导电部分及电机强电接口应清洁，无异物和油脂。

⑥ 低压接插件为塑料件，安装过程中应避免与坚硬物体直接碰撞或受力。

⑦ 电机转子带强磁性，电机除高低压盖板外，其余零部件禁止拆装。

11.1.3　拆卸与安装驱动电机

（1）拆卸驱动电机

① 切断高电压电路。

② 拆卸 12V 辅助蓄电池和 12V 辅助蓄电池托盘。

③ 拆卸高电压接线盒和高电压接线盒托盘。

④ 分离挡位开关连接器 A（图 11-1-2）。

⑤ 从减速器上拆卸换挡拉线 A（图 11-1-3）。

规定扭矩：螺栓 B 19.6～26.5N·m；螺栓 C 8.8～13.7N·m。

图 11-1-2　分离挡位开关连接器

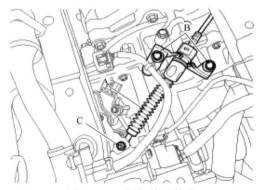

图 11-1-3　拆卸换挡拉线

⑥ 拆卸底盖和侧盖。

⑦ 排放冷却水。

⑧ 拆卸电动空调压缩机。

⑨ 分离冷却水软管 A（图 11-1-4）。

⑩ 分离驱动电机电源线连接器 A（图 11-1-5）。

⑪ 从前轮毂上拆卸前车轮和轮胎。

⑫ 敲击凿子，撬开驱动轴锁紧螺母上的填缝片。

⑬ 从前桥上拧下驱动轴锁紧螺母。

⑭ 拆卸横拉杆球节开口销和拧下固定螺母，并从转向节上拆卸横拉杆球节。

⑮ 拆卸制动软管夹。

⑯ 拧下前支柱固定螺栓和螺母，并从转向节 A 上分离驱动轴（图 11-1-6）。

⑰ 在差速器壳与万向节壳之间插入撬杆，从差速器壳上拆卸驱动轴 A（图 11-1-7）。

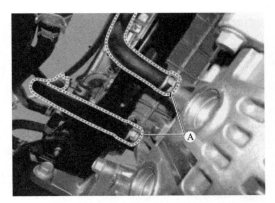

图 11-1-4　分离冷却水软管

图 11-1-5　分离驱动电机电源线连接器

图 11-1-6　分离驱动轴

图 11-1-7　拆卸驱动轴

⑱ 分离电机位置和温度传感器连接器 A（图 11-1-8）。

⑲ 用卧式千斤顶支撑电机和减速器总成。

⑳ 拧下电机固定支架螺栓 A（图 11-1-9）。规定扭矩：107.9～127.5N·m。

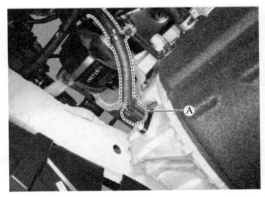

图 11-1-8　拔出温度传感器连接器

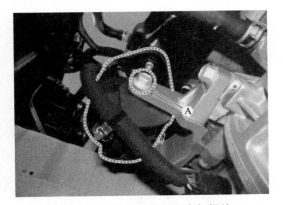

图 11-1-9　拧下电机固定支架螺栓

㉑ 拧下减速器固定支架螺栓 A（图 11-1-10）。规定扭矩：107.9～127.5N·m。

㉒ 拆卸后滚转固定支架 A（图 11-1-11）。规定扭矩：螺栓 B 107.9～127.5N·m；螺栓 C 63.7～83.4N·m。

㉓ 举升车辆，拆卸电机和减速器总成（图 11-1-12）。

图 11-1-10　拧下减速器固定支架螺栓

图 11-1-11　拆卸后滚转固定支架

㉔ 拆卸电机支架 A（图 11-1-13）。规定扭矩：53.0～60.8N·m。

图 11-1-12　拆卸电机和减速器总成

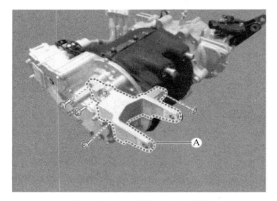

图 11-1-13　拆卸电机支架

㉕ 拧下减速器固定支架螺栓 A（图 11-1-14）。规定扭矩：53.0～60.8N·m。
㉖ 从电机上拆卸减速器 A（图 11-1-15）。规定扭矩：42.2～53.9N·m。

图 11-1-14　拧下减速器固定支架螺栓

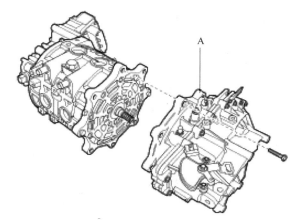

图 11-1-15　从电机上拆卸减速器

（2）安装驱动电机

① 更换新的 O 形环 A（图 11-1-16）。
② 在花键部分 A 涂抹润滑脂（图 11-1-17）。

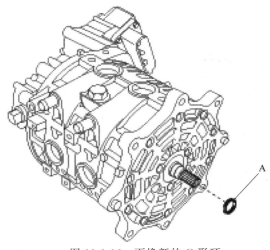

图 11-1-16　更换新的 O 形环

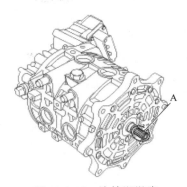

图 11-1-17　涂抹润滑脂

③ 按与拆卸的相反顺序安装其他部件。

④ 在正确位置连接 U、V、W 的三相电源线。

⑤ 填充冷却水后检查泄漏情况。

⑥ 安装电机总成，然后执行"电机位置传感器偏差校准自动初始化"程序。

11.2　驱动电机控制系统的绿色维修

11.2.1　高压电控简介

（1）高压配电箱

高压配电箱位于前舱中，固定在 PEB 和 PDU 托盘之上。主要作用为，将高压电池组的

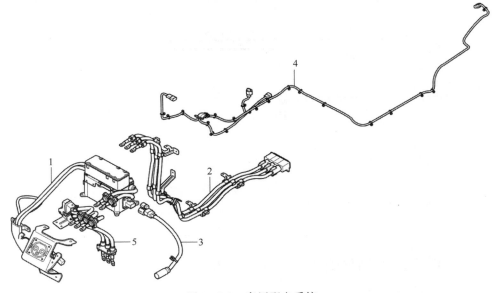

图 11-2-1　高压配电系统

1—高压配电单元；2—高压配电单元线束；3—电空调压缩机线束；4—高压加热器线束；5—驱动电机线束

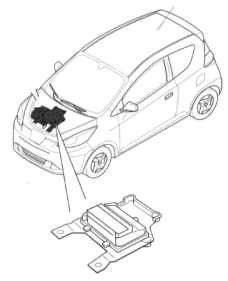

图 11-2-2 电力电子箱

高压电分配给各高压用电器；同时，可以对电空调压缩机和加热器高压回路起过流保护作用（图 11-2-1）。

（2）电力电子箱

电力电子箱（图 11-2-2）是控制驱动电机的电气组件，在高速 CAN 上与 VCU、IPK、BCM 等控制器通信。接收 VCU 的扭矩命令以控制驱动电机，且电力电子箱控制器带有自诊断功能，确保系统安全运行。

电力电子箱系统内部集成以下主要部件。

① MCU。

② 逆变器。

③ DC/DC 转换器。

电气原理如图 11-2-3 所示。

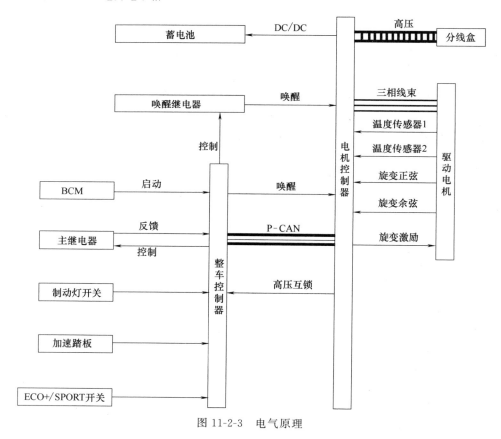

图 11-2-3 电气原理

11.2.2 高压电控拆卸与安装

（1）拆卸与安装高压配电箱

① 拆卸高压配电箱。

a. 关闭点火钥匙，车辆静置 5min 以上，才可进行拆卸作业。

b. 断开蓄电池负极电缆。

c. 拆下手动维修开关。

d. 将高压线束与高压电池包的连接器断开，并用万用表（直流电压挡，量程大于 400V）测量高压电池包上高压接插件各端子间、端子与地之间，以及高压线束端高压接插件内的端子之间是否有高压电。如果电压为零，则可以继续拆解。

e. 拆下电力电子箱。

f. 拆下将高压配电单元上盖固定到高压配电单元上的 6 个螺栓，取下盖子（图 11-2-4）。

g. 拆下将 3 根高压配电单元线固定到高压配电单元内的 3 个螺栓（图 11-2-5）。

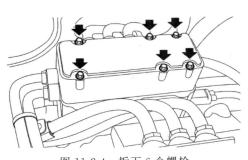

图 11-2-4　拆下 6 个螺栓

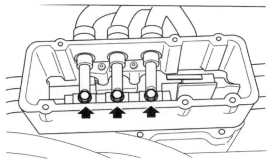

图 11-2-5　拆下 3 个螺栓

h. 断开左侧高压互锁连接器 1（图 11-2-6）。

i. 断开电空调压缩机线束连接器 2。

j. 断开右侧高压互锁连接器 1（图 11-2-7）。

k. 断开加热器线束连接器 2。

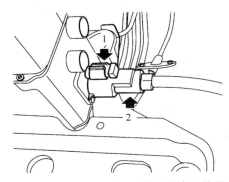

图 11-2-6　断开电空调压缩机线束连接器

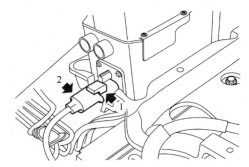

图 11-2-7　断开加热器线束连接器

l. 拆下高压配电单元上的驱动电机线固定卡钉。

m. 拆下将高压配电单元固定到电力电子箱托盘上的 4 个螺栓（图 11-2-8）。

n. 拆下前保险杠。

o. 拆下快速充电口小门总成。

p. 拆下将快速充电口支架固定到水箱上横梁的 2 个螺栓 1 和 2 个螺母 2（图 11-2-9）。

q. 拆下将快速充电口固定导槽固定到水箱上横梁的 2 个螺栓和 2 个螺母。

r. 拆下将快速充电口接地线固定到车身上的 1 个螺栓。

s. 拆下快速充电口线束的卡扣和扎带。

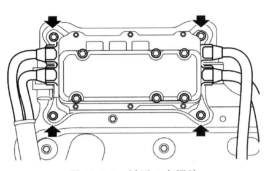

图 11-2-8　拆下 4 个螺栓

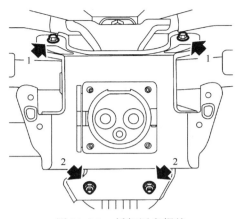

图 11-2-9　拆卸固定螺栓

t. 取下高压配电单元。

② 安装高压配电箱。按与拆卸的相反顺序进行安装。

（2）拆卸与安装电力电子箱

① 拆卸电力电子箱。

a. 关闭点火钥匙，车辆静置 5min 以上，才可进行拆卸作业。

b. 拆下蓄电池负极电缆。

c. 拆下蓄电池盒支架。

d. 排空电机冷却系统。

e. 拆下手动维修开关。

f. 打开盖子，拆下将 2 根蓄电池电缆固定到电力电子箱 PEB 上的 2 个螺母，断开蓄电池电缆（图 11-2-10）。

g. 断开 PEB 低压连接器（图 11-2-11）。

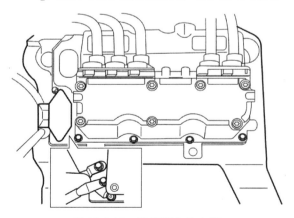

图 11-2-10　断开蓄电池电缆

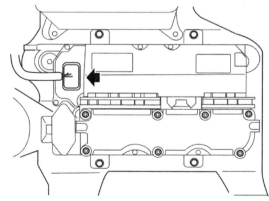

图 11-2-11　断开 PEB 低压连接器

h. 拆下将 PEB 盖板固定到 PEB 上的 7 个螺栓（图 11-2-12）。

i. 用万用表（直流电压挡，量程大于 400V）测量 PEB 上高压接插件各端子间、端子与地之间，以及高压线束端高压接插件内的端子之间是否有高压电。如果电压为零，则可以继续拆解。

j. 拆下将 3 根电机线接头固定到 PEB 上的 3 个螺栓 1（图 11-2-13）。

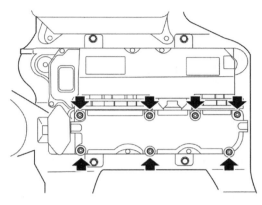

图 11-2-12 拆下 7 个螺栓

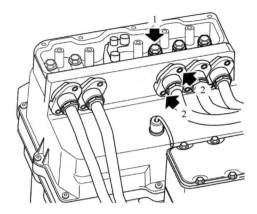

图 11-2-13 拆下电机线束

k. 拆下将 3 根电机线固定到 PEB 外壳上的 6 个螺栓 2，取下 3 根电机线束。

l. 拆下 PEB 线束固定于 PEB 内的 2 个螺栓 1（图 11-2-14）。

m. 拆下 PEB 线束固定于 PEB 外壳的 4 个螺栓 2。

n. 拆下将 PEB 固定在 PEB 托架上的 4 个螺栓（图 11-2-15）。

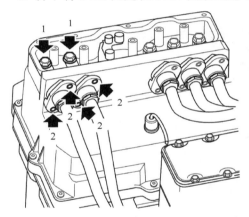

图 11-2-14 拆下固定螺栓（一）

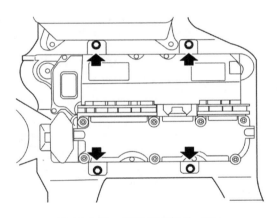

图 11-2-15 拆下固定螺栓（二）

o. 松开卡箍，从 PEB 上断开 PEB 到电机软管 1，并拆下软管（图 11-2-16）。

p. 松开卡箍，从 PEB 上断开水泵到 PEB 软管 2，并拆下软管（图 11-2-17）。

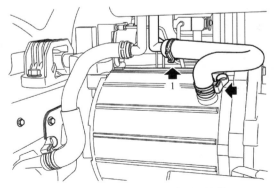

图 11-2-16 断开 PEB 到电机软管

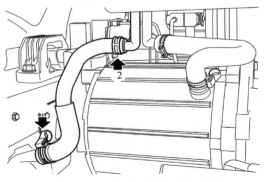

图 11-2-17 断开水泵到 PEB 软管

q. 拆下 PEB。

② 安装电力电子箱。按与拆卸的相反顺序进行安装。

11.3　驱动电机及控制系统的绿色故障诊断

11.3.1　驱动电机常见故障及修理方法

（1）电机启动困难或不启动

电机启动困难或不启动检查流程如图 11-3-1 所示。

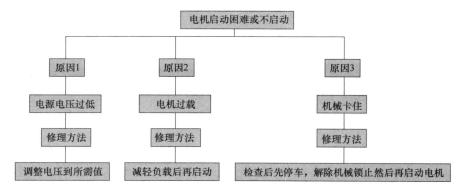

图 11-3-1　电机启动困难或不启动检查流程

（2）电机运行温升高

电机运行温升高检查流程如图 11-3-2 所示。

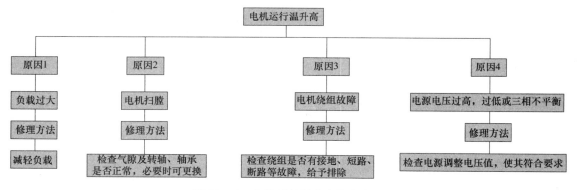

图 11-3-2　电机运行温升高检查流程

（3）电机运行时振动过大

电机运行时振动过大检查流程如图 11-3-3 所示。

11.3.2　驱动电机控制系统常见故障

（1）电流传感器两相或者三相同时故障

电流传感器两相或者三相同时故障检查流程如图 11-3-4 所示。

（2）旋变信号故障

旋变信号故障检查流程如图 11-3-5 所示。

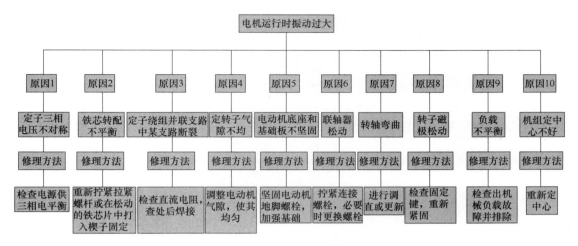

图 11-3-3　电机运行时振动过大检查流程

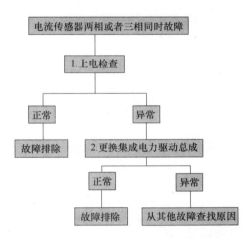

图 11-3-4　电流传感器两相或者三相同时故障检查流程

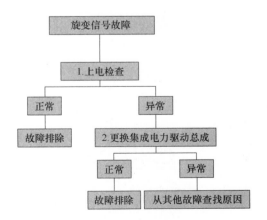

图 11-3-5　旋变信号故障检查流程

（3）直流母线电压过压故障

直流母线电压过压故障检查流程如图 11-3-6 所示。

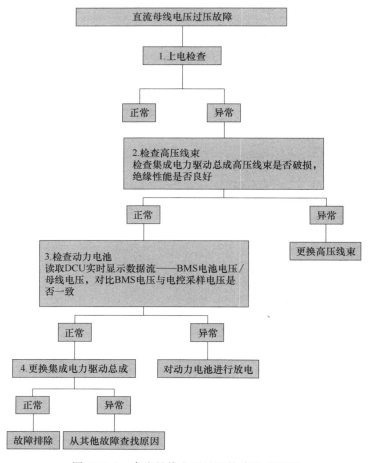

图 11-3-6　直流母线电压过压故障检查流程

（4）　U、V 或 W 相电流过流

U、V 或 W 相电流过流检查流程如图 11-3-7 所示。

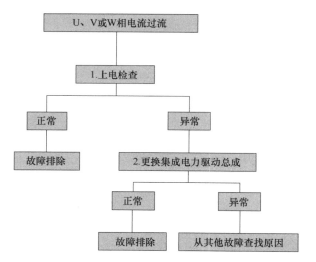

图 11-3-7　U、V 或 W 相电流过流检查流程

（5）电机超速

电机超速检查流程如图 11-3-8 所示。

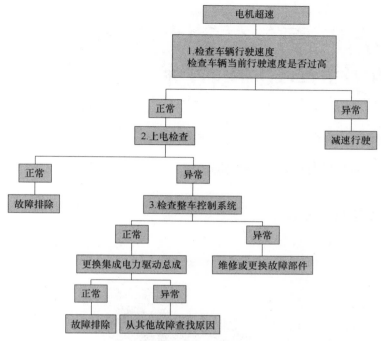

图 11-3-8　电机超速检查流程

扫一扫

▶ 视频精讲

第12章 新能源汽车动力电池系统的绿色维修技术

12.1 动力电池的绿色维修

12.1.1 动力电池的概述

动力电池系统主要由动力电池模组、电池管理系统、动力电池箱及辅助元器件四部分组成（图12-1-1）。

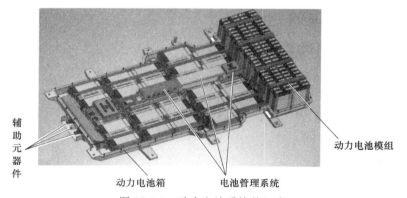

图 12-1-1 动力电池系统的组成

（1）动力电池模组

① 电池单体：构成动力电池模块的最小单元；一般由正极、负极、电解质及外壳等构成；可实现电能与化学能之间的直接转换（图12-1-2）。

② 电池模块：一组并联的电池单体的组合，该组合额定电压与电池单体的额定电压相等，是电池单体在物理结构和电路上连接起来的最小分组，可作为一个单元替换。

③ 模组：由多个电池模块或单体电芯串联组成的一个组合体。

（2）电池管理系统（BMS）

① BMS的作用：电池保护和管理的核心部件，在动力电池系统中，它的作用就相当于人的大脑。它不仅要保证电池安全可靠的使用，而且要充分发挥电池的能力和延长使用寿命，作为电池和整车控制器以及驾驶者沟通的桥梁，通过控制接触器控制动力电池组的充放电，并向VCU（整车控制器）上报动力电池系统的基本参数及故障信息。

② BMS具备的功能：通过电压、电流及温度检测等功能实现对动力电池系统的过压、欠压、过流、过高温和过低温保护，继电器控制、SOC（电池荷电状态）估算、充放电管理、均衡控制、故障报警及处理、与其他控制器通信功能等功能；此外电池管理系统还具有

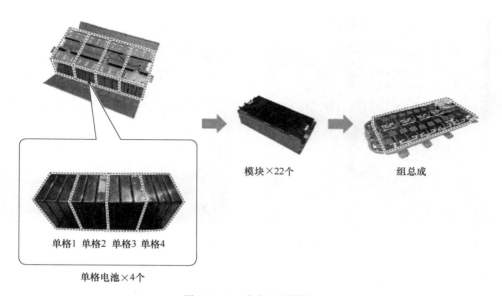

模块×22个　　　　　　组总成

单格1 单格2 单格3 单格4

单格电池×4个

图 12-1-2　动力电池模组

高压回路绝缘检测功能，以及为动力电池系统加热功能。

③ BMS 的组成：按性质可分为硬件和软件，按功能可分为数据采集单元和控制单元。

④ BMS 的硬件：主板、从板及高压盒，还包括采集电压线、电流、温度等数据的电子器件。

⑤ BMS 的软件：监测电池的电压、电流、SOC 值、绝缘电阻值、温度值，通过与VCU、充电机的通信，来控制动力电池系统的充放电。

（3）辅助元器件

主要包括动力电池系统内部的电子电气元件，如熔断器、继电器、分流器、接插件、紧急开关、烟雾传感器等，维修开关以及电子电气元件以外的辅助元器件，如密封条、绝缘材料等（图 12-1-3）。

图 12-1-3　辅助元器件

12.1.2　拆卸与安装动力电池总成

在执行高电压系统相关操作前，必须切断高电压电路。如果不遵守安全说明，会导致严重的电击伤害。

（1）拆卸动力电池总成

① 点火开关置于"OFF"位置，分离辅助蓄电池负极（－）端子。

② 切断高电压。

③ 举升车辆。

④ 拧下固定螺栓，并拆卸高电压蓄电池前下盖 A（图 12-1-4）。高电压蓄电池下盖固定螺栓扭矩：29.4～39.2N·m。

⑤ 分离蓄电池管理控制模块（BMSECU）连接器 A（图 12-1-5）。

图 12-1-4　拆卸高电压蓄电池前下盖

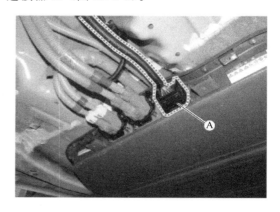

图 12-1-5　分离蓄电池管理控制模块连接器

⑥ 分离高电压导线 A（图 12-1-6）。

⑦ 分离高电压快充导线 A（图 12-1-7）。

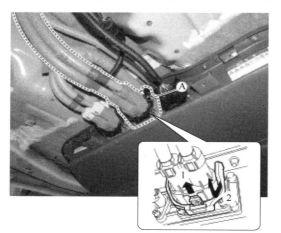

图 12-1-6　分离高电压导线

1,2—分离顺序

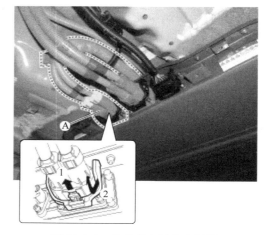

图 12-1-7　分离高电压快充导线

1,2—分离顺序

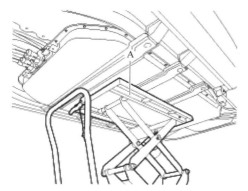

图 12-1-8　支撑高电压蓄电池组总成

⑧ 使用动力电池举升台 A 支撑高电压蓄电池组总成（图 12-1-8），防止发生任何意外。

拆卸蓄电池组总成前，确认完全拆卸高电压导线、连接器。将橡胶块放置在动力电池举升台上，以保护蓄电池组底部部件和下盖固定双头螺栓。

⑨ 拧下高电压蓄电池系统总成固定螺栓 A（图 12-1-9）。

⑩ 从车辆上拆卸高电压蓄电池系统总成 B（图 12-1-10）。

（2）安装动力电池总成

按与拆卸的相反顺序安装。

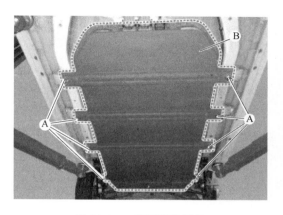

图 12-1-9　拧下固定螺栓

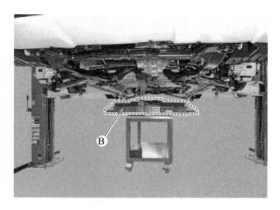

图 12-1-10　拆卸高电压蓄电池系统总成

12.2　动力电池控制器的绿色维修

（1）拆卸动力电池控制器

在执行高电压系统相关操作前，必须切断高电压电路。如果不遵守安全说明，会导致严重的电击伤害。

① 切断高电压电路。

② 拆卸高电压蓄电池组总成。

③ 拆卸前座椅总成（右）。

④ 拧下固定螺钉，并拆卸底板控制台总成 A（图 12-2-1）。

⑤ 拧下固定螺钉，并拆卸控制台侧盖 A（图 12-2-2）。

图 12-2-1　拆卸底板控制台总成

图 12-2-2　拧下固定螺钉

⑥ 掀开地毯（右）。

⑦ 拔出动力电池控制器插接器。

⑧ 拆卸动力电池控制器上的 4 个固定螺栓，取出动力电池控制器（图 12-2-3）。

（2）安装动力电池控制器

按与拆卸的相反顺序安装。

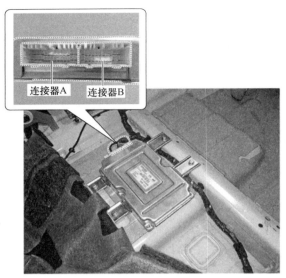

连接器A　连接器B

图 12-2-3　取出动力电池控制器

12.3　动力电池系统的绿色故障诊断

（1）动力电池单体欠压故障

动力电池单体欠压故障检查流程如图 12-3-1 所示。

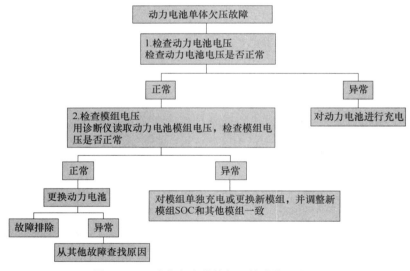

图 12-3-1　动力电池单体欠压故障检查流程

（2）电池包总电压过低故障

电池包总电压过低故障检查流程如图 12-3-2 所示。

（3）BMS 低压供电电压过低故障

BMS 低压供电电压过低故障检查流程如图 12-3-3 所示。

（4）电池温度过高故障

电池温度过高故障检查流程如图 12-3-4 所示。

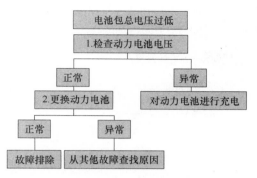

图 12-3-2　电池包总电压过低故障检查流程

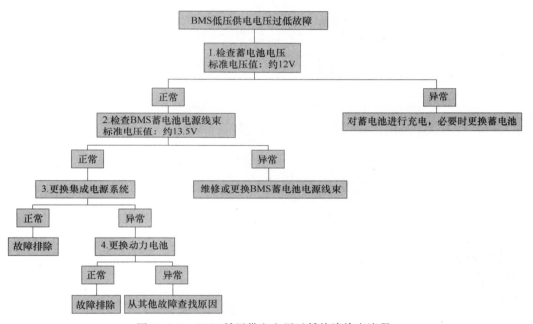

图 12-3-3　BMS 低压供电电压过低故障检查流程

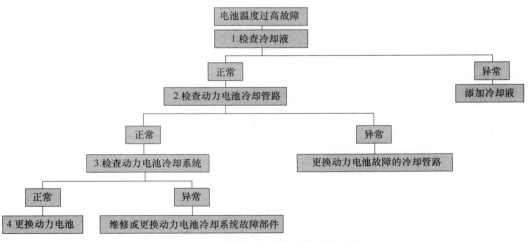

图 12-3-4　电池温度过高故障检查流程

（5）放电过流故障

放电过流故障检查流程如图 12-3-5 所示。

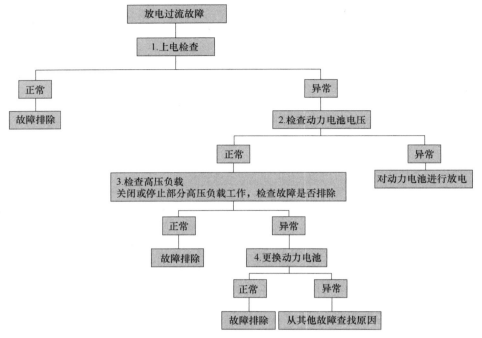

图 12-3-5　放电过流故障检查流程

扫一扫

▶ 视频精讲

第 13 章　新能源汽车充电系统的绿色维修技术

13.1　充电系统概述

（1）快速充电口

快速充电口与 PDU 连接在一起，安装在水箱上横梁上，主要作为给高压电池组快速补充电能的接口。直流充电桩的高压直流电通过此充电口，给高压电池组补充电能（图 13-1-1 和表 13-1-1）。

表 13-1-1　快速充电口定义

名称	定义	名称	定义
A−	低压辅助电源负	S−	CAN-L
A+	低压辅助电源正	S+	CAN-H
CC1	车身地	DC+	为直流电源正
CC2	直流充电感应信号	DC−	为直流电源负
PE	地线		

（2）慢速充电口

慢速充电口与慢充充电器相连接，固定在车身侧围（左）上，主要作为民用电供给慢充充电器的连接端口，将民用电的 220V 交流电源通过此充电口，提供给慢速充电器（图 13-1-2 和表 13-1-2）。

图 13-1-1　快速充电口

图 13-1-2　慢速充电口

表 13-1-2　慢速充电口定义

名称	定义	名称	定义
L	A 相	PE	地线
L2	B 相	CC	充电连接确认
L3	C 相	CP	充电控制
N	中性线		

（3）慢速充电线

慢速充电线（图 13-1-3）装配在后备厢的随车工具盒之上。主要功能为将民用 220V 交流电源引到交流充电口，同时，具有连接指示和交流电路过流保护功能。

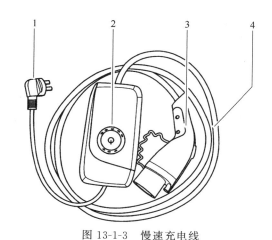

图 13-1-3　慢速充电线
1—三脚充电插头；2—充电枪指示灯；3—充电枪；4—充电线缆

（4）充电系统的功能

① 提供与电池管理系统之间的 CAN 通信。

② 基于电池管理系统的需求，在最大功率范围内为高压电池组充电。

③ 高压安全：提供输出反接保护、高压端口残压控制、故障自关断功能。

④ 热管理：以风冷方式进行冷却。

13.2　慢充系统的绿色维修

13.2.1　车载充电器的拆卸与安装

警告：禁止未参加该车型高压系统知识培训的维修人员拆解高压系统（包括手动维修开关、高压电池包、驱动电机、电力电子箱、高压配电单元、高压线束、电空调压缩机、交流充电口和交流充电线、快速充电口、电加热器、慢速充电器）。当拆解或装配高压配件时，必须断开 12V 电源和高压电池包上的手动维修开关。

在开始维修作业前，维修人员必须穿戴好劳保用品：戴好绝缘手套，穿好高压绝缘鞋。在戴绝缘手套前，必须要检查绝缘手套是否有破损的地方，要确保手套无绝缘失效。

（1）拆卸车载充电器

① 关闭点火钥匙，车辆静置 5min 以上，才可进行拆卸作业。

② 断开蓄电池负极电缆。

③ 拆下手动维修开关。

④ 拆下后衣帽架。

⑤ 拆下后排座椅靠背。

⑥ 拆下后排座椅坐垫。

⑦ 拆下将后座椅靠背中间枢轴支架固定到车身的两个螺栓。

⑧ 取出固定于后备厢尾部的装有交流充电线及拖车挂钩的随车工具盒。

⑨ 断开固定于慢速充电器一侧的连接确认接插件 1（图 13-2-1）。

⑩ 断开固定于慢速充电器一侧的交流输入接插件 2。

⑪ 断开固定于慢速充电器一侧的充电低压接插件 3。

⑫ 断开固定于慢速充电器一侧的高压直流输出接插件 4。

⑬ 拆下将慢速充电器固定于车身的 4 个螺栓 5。

⑭ 拆下固定于慢速充电器另一侧的冷却风道。

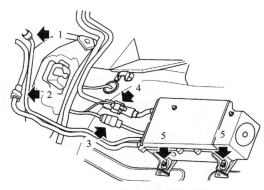

图 13-2-1　拆下接插件及螺栓

⑮ 将慢速充电器从车身上取出。

（2）安装车载充电器

① 将慢速充电器固定到车身的 4 个螺栓拧紧至 22～30N·m，并检查扭矩。

② 将充电器冷却风道的 4 个卡扣嵌入慢速充电器的一侧。

③ 将固定于慢速充电器另一侧的 4 个连接线接插件插入相应接口。

④ 将装有交流充电线及拖车挂钩的随车工具盒装入后备厢尾部合适位置。

⑤ 将后座椅靠背中间枢轴支架固定到车身的 2 个螺栓拧紧至 40～50N·m，并检查扭矩。

⑥ 安装后排座椅坐垫。

⑦ 安装后排靠背。

⑧ 装上衣帽架。

⑨ 安装手动维修开关。

⑩ 连接蓄电池负极电缆。

13.2.2　慢充充电口拆卸与安装

（1）拆卸慢充充电口

① 关闭点火钥匙，车辆静置 5min 以上，才可进行拆卸作业。

② 拆下蓄电池负极电缆。

③ 拆下手动维修开关。

④ 拆下左后侧围饰板。

⑤ 拆下连接慢速充电器线束的低压接插件（图 13-2-2）。

⑥ 拆下连接慢速充电器线束的高压接插件（图 13-2-3）。

⑦ 拆下慢速充电口小门总成。

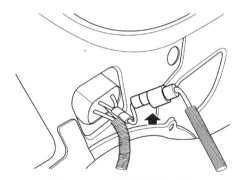

图 13-2-2　拆下低压接插件

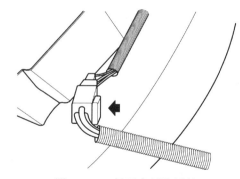

图 13-2-3　拆下高压接插件

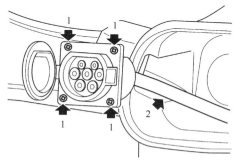

图 13-2-4　拆下慢速充电口固定螺栓

⑧ 拆下慢速充电口固定到车身上的 4 个螺栓 1（图 13-2-4）。

⑨ 将连接充电器线束高压插件和低压插件，从慢充小门的开孔处退出车身 2。

⑩ 拆下慢速充电接口。

（2）安装慢充充电口

① 将连接充电器线束高压插件和低压插件，从慢充小门的开孔处塞进车身内。

② 将慢充口座的四个安装孔对正。

③ 将慢速充电口固定到车身上，装上 4 个螺栓拧紧到 5~7N·m，并检查扭矩。

④ 将连接慢速充电器线束低压接插件装入对应接口。

⑤ 将连接慢速充电器线束高压接插件装入对应接口。

⑥ 安装左后侧围饰板。

⑦ 安装慢速充电口总成。

⑧ 安装手动维修开关。

⑨ 连接蓄电池负极电缆。

13.3　充电系统的绿色故障诊断

（1）直流变换器输入过压

重新上电，使用诊断仪读取整车数据流，比较电机控制器、电池管理系统与直流变换器上报的高压电压值，若直流变换器上报的电压值高于前两者 20V 以上，则更换直流变换器。

若无上述情况，则清除故障信息，重新上电；若此故障仍存在，再次读取整车数据流；若直流变换器上报的电压低于 420V，更换直流变换器。

（2）直流变换器输出过压

整车下电，用万用表测量蓄电池电压，若电压高于（17.0±0.5)V，则更换蓄电池。

若蓄电池电压低于 16.5V，则清除故障信息，重新上电，故障消除，不做处理；否则，更换直流变换器。

（3）直流变换器输出欠压

用万用表检查直流变换器输出端子及线束是否有短路现象，若有，请更换故障件。

　　若无上述现象，则清除故障信息，重新上电后，用万用表测量重新上电前后的蓄电池电压。若上电前后蓄电池电压升高，故障消除，不做处理；否则，更换直流变换器。

（4）直流变换器输出过流

　　用万用表检查输出线束是否有短接现象。

　　若无上述现象，则清除故障信息，重新上电，用万用表测量重新上电前后的蓄电池电压。若上电前后蓄电池电压升高，故障消除，不做处理；否则，更换直流变换器。

（5）直流变换器过温

　　检查整车冷却系统工作是否正常；若没有正常工作，请检修。

　　若冷却系统正常工作，则清除故障信息，重新上电；若此故障一直存在，请更换直流变换器。

（6）直流输出短路

　　用万用表检查输出线束是否有短接现象。

　　若无上述现象，则清除故障信息，重新上电；若此故障仍存在，则更换直流变换器。

（7）直流变换器 CAN 通信故障

　　检查直流变换器电缆端 CAN-H 、CAN-L（针脚 1 与针脚 4），终端电阻是否为（60±15）Ω，若不符合，请检查线束。

　　若无上述情况，则清除故障信息，重新上电；若此故障仍存在，更换直流变换器。

扫一扫

视频精讲

参 考 文 献

［1］ 周晓飞. 汽车维修从入门到精通 ［M］. 北京：化学工业出版社，2018.

［2］ 顾惠烽. 汽车常见故障识别·检测·诊断·分析·排除 ［M］. 北京：化学工业出版社，2019.

［3］ 李彦. 汽车电脑板维修从入门到精通 ［M］. 北京：化学工业出版社，2022.

［4］ 曹晶，顾惠烽. 汽车故障诊断手册 ［M］. 北京：化学工业出版社，2020.

［5］ 郭建英. 汽车零部件识别与故障处理大全 ［M］. 北京：化学工业出版社，2021.